陪你走过千山万水

讲好中国故事从了解中国开始

李一慢 著

ZHEJIANG UNIVERSITY PRESS
浙江大学出版社

图书在版编目（CIP）数据

陪你走过千山万水 / 李一慢著 . — 杭州：浙江
大学出版社，2017.8
ISBN 978-7-308-17177-9

Ⅰ . ①陪… Ⅱ . ①李… Ⅲ . ①儿童教育—研究 Ⅳ .
① G61

中国版本图书馆CIP 数据核字（2017）第 178969 号

陪你走过千山万水

李一慢　著

责任编辑	平　静	
责任校对	戴秋诗	
封面设计	鹿鸣文化	
出版发行	浙江大学出版社	

（杭州市天目山路 148 号　邮政编码 310007）
（网址：http://www.zjupress.com）

排　版	杭州兴邦电子印务有限公司	
印　刷	绍兴市越生彩印有限公司	
开　本	787mm×1092mm　1/16	
印　张	12.5	
字　数	194 千	
版 印 次	2017 年 8 月第 1 版　2017 年 8 月第 1 次印刷	
书　号	ISBN 978-7-308-17177-9	
定　价	45.00 元	

游学，是远离也是回归，是付出也是获得，是消耗也是滋养。

　　有了这份切实的体悟，或许可以悟得，或许为悟得奠定基础——

　　人走向内心世界的路，远比走向外部世界的悠长得多。

序言
最浪漫的教养

很乐意接受一慢先生的邀请，为他的慢养育实践中的《陪你走过千山万水》写几句。因为我也特别推崇并践行着"读万卷书，行万里路"的古老智慧；我也特别佩服他这样的爸爸，在养育儿女的十几年间，把自己活生生修炼成了教育专家。

结识一慢先生源于绘本。在一次《走进生命花园》的读书会上，我惊奇地发现，原来这位有着丰富职业履历的男士，当他关注起生命发展时呈现的新生命状态更加蓬勃。这些年，我欣喜地见证他在一儿一女的激发下，小宇宙持续爆发，奔跑在全国各城市召开大型讲座，在幼儿园、小学推动着阅读。我还经常看到他在朋友圈和微博中晒的"和孩子一起博物范儿""慢游学"等话题和图文，开始还以为他们只是休闲放松的全家旅行，后来才知道原来都是精心策划的全家游学，这正是我特别愿意推荐给更多家庭的教育慢理念！

一慢一家立足于"家"，从北京的中轴线开始，从爸爸妈妈的家乡开始，寻根问祖，为孩子奠定生命最初的认知；

一慢一家立足于"根"，从中国海岸线开始，从民居到区域历史，探索过海风吹拂下的沙滩、灯塔、遗址，走过三皇五帝的生死地，拜访过三大石窟……慢慢行走于中华大地，探秘一段一段的历史；

一慢一家立足于"趣"，从每个孩子喜欢的恐龙开始，再到随着孩子成长而生发出的不同兴趣，都可以成为了解祖国的丰富的人文启蒙。

你掰过手指数过八大古都吗？一慢一家已经大手牵小手，一个古都接着一个古都，用脚丈量土地，用眼抵达千年文明；

你还在考虑如何引导孩子爱上经典阅读？你还在感慨火爆全国的诗词大会？三国演义、唐宋古诗词、课文里的山山水水，一慢一家带你慢慢走起！

这家子，揣着不算多的"银子"，居然把中国的名山好水、历史文明变成了孩子们最宝贵的直接体验。有人说，旅行需要花很多的钱；有人说，旅行需要做很多的攻略；有人说，总想旅行就是没有时间。当你有机会遇见这本书，恰恰家有幼童或少年，不妨揣上它，一切都不是问题！每个假期带着孩子行走，把课堂延伸到中华 960 万平方公里的土地上，也陪伴孩子体会书本外的上下五千年。

不过，除了勤奋地行万里路，一慢一家更值得效仿的是陪孩子读过了万卷书。因为爸爸是享誉十年的知名阅读推广人，在十年的阅读推广践行中，陪伴孩子读书是每天的亲子交流时光。这些给予孩子的财富，我想一定比投入千金万两的财富更具有价值。

我也是陪孩子"读万卷书，行万里路"的坚定践行者。在过去的三年里，我在全国百城举办相关的父母讲座，我一次又一次告诉父母们，我们可以通过高质量的陪伴，实现亲子阅读和亲子旅行的融会贯通，当直接经验和间接经验完美连接，孩子的知识体系将迸发最强劲的力量，并伴随终生。我深信陪孩子"读万卷书，行万里路"给予孩子的积极影响，将为童年打下最厚重的地基，涂上最缤纷的底色，这些暂时和分数成绩无关，却与未来的爆发力有关。如果你相信厚积薄发，相信家庭教育和学校教育应该互补，那么，你就知道为人父母，我们和老师需要站在不同的位置，从不同的角度守望孩子的成长，在恰到好处的时间里为孩子打开一扇扇通往世界的门，然后让孩子离开我们的怀抱，奔向更远的未来。

父母能走多远，孩子就能走多远。父母的高度，影响孩子可能到达的高度。陪孩子读万卷书、行万里路，从现在开始，用爱和智慧助力孩子打开成长的双翅，也不断打破我们人到中年的认知边界。陪你走过千山万水，真的是最浪漫也是最实用的教养方式。

世界很大，人生苦短。陪伴孩子成长的路上，愿我们温暖相伴，善待童年这一段最美妙也影响最深远的时光。

跟着一慢一家开启 36 条游学路线，你们家也一起来试试吧！

林丹

悠贝亲子图书馆创始人

自序　　全家去旅行，是生活，也是滋养

　　我单身的时候就很喜欢旅行，有时候甚至会在喜欢的城市居住一年以上。后来在北京结婚、生子，一个人的旅行变成了全家旅行。现在，我们一家四口经常到处溜达，这成了我们的一种生活方式。

　　儿子的周岁生日是在青岛过的，连抓周都是在饭店房间里进行的。第二天我们跑到海边瞎晃荡，海风很大，空气中有海鲜的味道，沙滩很软。儿子步履蹒跚，咯咯地乐，脸上是灿烂的笑，如花般绽放，然后一个前扑，直挺挺地砸下去，啃了一嘴的沙子……这情景牢牢地印刻在我脑海里，成为我心中儿子成长的图画书中欢乐四溢的一个跨页。

　　和多数家庭一样，我们每天忙于各种事务，工作日的时间好像总是不够用，周末还要带孩子们上兴趣班。我也总是有公益活动要策划、组织、实施。我们能自由安排的时间实在有限，哪里还有时间拖儿带女去旅行呢？好长一段时间，儿子的愿望就是将来当个旅行家。不过，在我整理书稿的时候，他的最新愿望已经改成当天文学家了，因为他最近对"上知天文，下知地理"的境界很是向往。

　　关于爸爸妈妈的时间问题，我在面向家长的讲座最后总会说这样两句话：

　　　　我们没有，就无法给予。希望孩子读书，自己先开始读吧。
　　　　我们人人都有的是时间。只是育儿和轻松生活没排进日程。

　　"读万卷书，行万里路"这句众所周知的古训，早已向我们建议了读书和旅行的

生活方式，只是现在，人们把很多时间用来追求"比生活更重要"的地位、名气、金钱和物质了。我还年轻的时候有一首流行歌曲这样唱道："我想去桂林啊，我想去桂林，可是有时间的时候我却没有钱。我想去桂林啊，我想去桂林，可是有钱的时候我却没时间。"我看还可以接上一句："等我有钱又有时间的时候，我却走不动了……"经常听到有人说出"我有钱（时间）就带孩子去旅行"这样的话，但最后真的兑现的少之又少。

所以，有了带孩子去旅行的冲动时，就立马出发吧。

一家人的旅行是生活，更是幸福。

旅行的幸福就是旅行本身：你和你的家人在路上。

一家人的旅行是生活，也是滋养。

"滋"这个字特别好，本义就是生长的意思，又有增多、增加的引申义，进而有了滋润的含义。所谓滋养，就是要在正常养育的时候让孩子们沉浸其中，自然增益。从另外一个角度来说，滋养更重要的是精神的滋润。要我说，"滋"还有慢的含义，这一点对于父母亲来说更为重要，内心滋润、行为滋润的爸爸妈妈，才能养出内心滋润、行为滋润的孩子。在这个过程中获得成长的并不仅仅是孩子，父母们也将通过孩子的眼睛、脚步和思考，得以重回童年，重得慧眼，重新体验世界，获得自身的有滋有味的"二次成长"。

"游学"是一种有滋味的养育方式。神奇的自然、丰富的人文、有趣的体验、好奇心的满足，会让大人和孩子自然而然地享受旅行过程的愉悦。与其他的养育方式相比，游学的滋养更具非功利性，更容易抛却各种评价和考核，只为让孩子成为见多识广、知情识趣的人，岂不快哉！

以我们去石家庄的那次旅行为例，我们首先去的不是各大旅游景点，而是河北博物院。我们给孩子租了一个解说器，让他们可以更好地观察，听他看到的、喜欢的奇珍异宝。我们在里面待了足足一天……我认为，这就是在滋养孩子的观察能力、倾听能力，顺应孩子的兴趣——他愿意听哪个就听哪个，愿意哪个地方待的时间长点就耗在那里。这样滋养出来的孩子将会拥有把额外的特殊的学习变成习惯、变成兴趣，并能够持续保持的能力。

在我自己成长为"慢看慢玩老爸"的过程中，我们夫妻创造了各种各样的机会让儿女接触并喜欢多种不同的滋养方式。其中我们坚持"持久战"并引起万千家庭追捧的正是亲子共读、亲子观影和旅行游学。很巧的是，这三个正是我们夫妻的共同兴趣，也是我这个学过教育并致力于家庭教养研究的所谓"专家""刻意为之"的事情，这正是体现我的"一慢二看三玩"教育理念的最好实践，更是孩子日常生活的重要组成部分。书本和电影是在家或影院可以随时随地阅读和欣赏的，而旅行正好是推开家门走向世界、走向自然的重要一步，是生活的多样化表现，并超越了家庭生活。

于我们夫妻而言，在我们各自还是单身的时候，就常常以这样的方式进行自我滋养，组成家庭后就有了带着孩子继续享受这种滋养的念头。儿女的诞生，给了我们更多滋养的名义和机会。

我想要跟大家分享的是：高大上的游学也好，通常说的旅行也好，都是每个自我的完美呈现，也是一件私人化的事情——即便是同一个城市，同一个景物，都会因为丰富多彩的各种家庭成员的不同而不同，会因为爸爸妈妈所能传递的心态、能量、知识和趣味格调而各具特点。不要担心自己的游学是否会没劲，是否会没有知识含量。没有谁可以提供所谓的标准，只要我们游了，就自然学了。

　　我能感受到自己所分享的游学故事对于听众和读者的不同影响，凡是我能讲得眉飞色舞的内容，你们也会投入地倾听，更会试探性地借鉴。于是，我觉得应该把我对游学的理解、对过程的设计心得、对游学被低估和错估的意义，进一步地唠叨，以期引起你们的注意，这个过程也就成了一个滋养的过程，你和我都将是受益者。

李一慢

我向来认为阅读是可以伴随孩子终生的生活习惯，阅读从属于生活。但是在早期，亲子共读是家庭学习的重要手段，也是建立家庭学习共同体的重要步骤。父母从亲子共读开始，逐步引入亲子共玩、亲子游学等方法，以形成和建立适合各自家庭的教育环境。古人云："读万卷书，不如行万里路。"游学本是古来有之、历史悠久的教育形式。当然，人们在读书之余，必然伴随求知的其他方式，如体验、思考、互动。遍游各地，亲见亲历，或者带着问题上路，体验和思考找寻答案的学习方式，方可称之为"游学"。

时光穿越到1199年，南宋，一个夜晚，越州山阴，陆家大院的书房里，74岁的陆游，正以自己一生的读书体验教育自己最小的儿子陆子聿，留下了这首至今仍被传诵的诗篇《冬夜读书示子聿》："古人学问无遗力，少壮工夫老始成。纸上得来终觉浅，绝知此事要躬行。"陆放翁是在告诫小儿子，从书本上得到的知识终归浅薄，要真正理解书中的深刻道理，必须躬行实践。

这首诗很清楚地说明了人获得知识有两条道路：一是实践，一是读书。实践就是行万里路，就是要去读懂自然、社会这两本"无字书"。陆游的先辈们，包括孔子、司马迁、李白、苏轼……数不胜数的先圣先贤都是行万里路而有成就的例子。

那时候，尽管物质贫乏、交通不便，他们已然走遍千山万水。而当下，我们比先辈们具备更好的游学条件，孩子们可以从很小就开始行走天下。

在孩子的成长期，如果我们能够相互陪伴，一起游学，携手走过千山万水，该是多么幸福和幸运！

📍 千山万水选哪些？

走遍千山万水，何必都远游？增长见识也并不是只有"行万里路"这一种途径。博物馆、科技馆、图书馆、植物园等都有把远方的世界微缩到眼前的作用，何必一窝蜂地去舍近求远呢？

现在爱好旅游的家庭越来越多，会旅游的爸爸妈妈不少，新鲜有趣的亲子旅行层出不穷。但我发现很多是随意的父母因平日对子女陪伴较少而进行的"补偿性"旅游，或者是简单参团、没有周密思考、没有学习目标的说走就走的"自由行"，更多的是到了寒暑假例行公事的"应付式"旅游。

我家阅读习惯的建立小有成效，同时我也很注重带着孩子到处游学，我们自称为"读行侠"，"游中学，学中游"的阅读、博览、游历、体验，让孩子们有一种崭新的亲子交互提升的成长过程。而且，我家的"读行侠"既然被当作项目了，那就要立足长远，根据俩娃的身心发展规律，设立符合儿童成长阶段的进阶式游学项目。所有的游学项目都有特定的主题，同一个主题下的课程会有进阶的安排，以利于孩子的发展需要。

游学主题中兼顾感受自然、审美培养、情商熏陶、动手实操和学科体验，涉及人文、科学和审美三大方向。

游学目的地可以按距离远近做些区分，并精心设计相应路线。以我家所在的首都北京举例，第一环包括北京及周边（天津、河北、辽宁、山西、山东等），大概要用1天到1天半的周末时间；第二环为国内其他省份，可以利用好3天的小长假；第三环为国外以及台湾、香港、澳门这些属于咱国家但是也要特殊证件出入的地区，这需要好好规划寒暑假和春节、国庆这两大假期。当然，有些有特定主题、需要时间较长的路线另当别论。

制定路线的话，我建议一定要有自己所生活的城市"探秘"游，了解家乡就从自己所在的土地入手。我曾经买过一套辽宁教育出版社出版的24册的"地域文化丛书"，这套书大致梳理了各地域文化之精要，可以用来作为参考指导，带领孩子一起去寻找文化遗迹、文化象征。

游学中会有潜在的课题安排。清人张潮在《幽梦影》中就有类似的说法，他在第一百四十二条写道："善读书者，无之而非书，山水亦书也，棋酒亦书也，花月亦书也；善游山水者，无之而非山水，书史亦山水也，诗酒亦山水也，花月亦山水也。"第九十六条写道："文章是案头之山水，山水是地上之文章。"游学中有着各种各样的精彩"学业"，但未必都要让孩子知道，以免增加他们的压力。游学的课题是可以根据孩子年龄和阅历、知识面等有所区分的。比如黄河万里行就被我分散在多次的旅行中：第一站是黄河入海口，儿子5岁的时候，我们去东营讲故事（儿子也是故事的表演者之一），观看了胜利油田到处都有的被称为"磕头机"的采油机，去了黄河入海口的湿地。第二次去的时候深入油田，考察了从原油到成品油的整个过程。在济南、在开封，我们也感受了黄河大桥的壮丽，以及黄河河道的不同。在儿子的小学期间，我们还会去壶口瀑布、三门峡和青海领略黄河的不同风采。

再举一个例子。恐龙是孩子们都喜欢的动物，在3岁左右，孩子们对其兴趣最盛，然后慢慢淡忘，到了小学后，随着自主阅读能力的提高，以及和同学们"知识交换"的需要等原因，这个兴趣又会"复兴"。虽然说，恐龙这种已灭绝的玩意儿对孩子们的将来影响不大，但是对恐龙的这个兴趣或许会激发孩子对天文、地质、生物起源等其他方面的学习兴趣，将来在看到《侏罗纪公园》这样的大片时，也会有独到的认识和回忆。

当儿子对恐龙表现好感和爱意后，按照"综合阅读维护阅读兴趣"的法则，我们选了恐龙主题的图画书、桥梁书、科普书等数十本童书让他阅读，从不间断，但也不是集中供应。北京的几个相关的博物馆，我们都去参观过，古动物馆、自然博物馆、天文馆、地质博物馆等都有与恐龙相关的内容展示，隔三差五在景山公园举办的恐龙展我们也常去。放眼国内其他地方，常州的中华恐龙园、自贡的恐龙博物馆和云南的禄丰侏罗纪遗址恐龙公园是我们接下来的游学目标。

我一直认为在国际化的大趋势下，我们的孩子在20年后会生活在更为全球化的环境中，那么对于中国的深入了解应该是儿童成长教育中重要的一环。闻一多曾经写过这样的诗歌：

请告诉我谁是中国人，

启示我，如何把记忆抱紧；

请告诉我这民族的伟大，

轻轻地告诉我，不要喧哗！

为此，随着儿子和女儿对中国历史和地理喜爱程度的加深，我们也开始了更庞大的计划的设计和实施。比如，分成两大系列、八个主题的"中国边疆行"。两大系列指的是海岸和边境，我们利用孩子小学阶段的暑假展开海岸游，已经完成了辽东半岛的"和平之旅"、山东半岛的"灯塔行"和连云港—厦门的"民居行"，还要完成南部沿海和海南岛、台湾岛的旅行，预计在中学阶段可以"走"完其余的陆地边境。

这样，我们就与孩子一起烙下了中华文化的印迹，"轻轻地告诉"孩子们中国的伟大！

千百年来，历代先贤凭着丰富的审美情怀和高超的艺术感受力，写下了难以计数的诗文篇章，既为大好河山塑造了可供浏览吟诵的艺术形象，也为艺术留下了脍炙人口的华章和美图。这样一来，凡是我们后来人足迹所至之处，都有诗文与之匹配。在我们亲身游历之前，通过阅读所形成的积累，已经给我们插上了想象的翅膀，让我们有了探访实景的渴望。在我们的名山计划中，武夷山是排在后面的，然而女儿上了一年级后发现语文课本中有《武夷山》的课文，非常希望能先去武夷山，而且最好能在上这篇课文之前去。这种热情同样可以促进学习。

有了这样的渴望，当我们漫步在布满文学、历史的大地上时，既可以观赏现实的景物，又可以假设自己置身于一个丰满的、有厚度的艺术世界，从而放任心思穿透千百年时光。

大概算下来，我们家已经形成了36条游学路线。对此，本书中或详细或简单，都会有所介绍。

📍 陪伴中成长

在旅行途中，各种经历、观察，以及力所能及的有关制定路线图、购票、结账、购物的各种分工，都可以让孩子们学习成人的待人处世之道，学习人与人之间建立关联的沟通之道。看到不同的人，学着包容与理解；偶遇毛毛虫、螳螂、松鼠、老鹰等各种生物，学着敬畏大自然。在一个行走的课堂中，不用我们再多说教，真实的体验会给他带来深深的影响以及能力的锻炼。

"千山万水"的游学目标中，有我喜欢的，有妈妈喜爱的，有哥哥狂热的，有妹妹懵懵懂懂迷恋的，我们会相互做介绍。作为主导者的爸爸，会拉着孩子一起做计划，增加游中有学的乐趣。有些计划是我有意安排进去的，特别是一些人文内容。这样，在计划和实现计划的过程中，游学不仅仅用来享受，也用来收获感受；既有阅读的考验，更有人生的体验，有时候还带有生活的磨练；更难得的是，通过游学可以充分感受人与自然和睦共处的无尽乐趣，为家庭创造更多难忘的共同记忆。

　　孩子正是从这个体验中慢慢开始熟悉自己的周遭、认识更广阔的大自然，然后再去观察人和社会，思考自己的人生的。

　　是的，思考人生。英国人约翰·特莱伯就视哲学为旅行的关键性基础。李白的"众鸟高飞尽，孤云独去闲。相看两不厌，只有敬亭山"，白居易的"心泰身宁是归处，故乡何独在长安"，都是以最浪漫的方式，表达对旅行的超越生活之外的哲学认知，告诉我们旅行走的是世间路，更是心灵路，千山万水之中，我们要回到自己的诗意栖居——孩子或许真的不懂这些，那又何妨？本来，游学是远离也是回归，是付出也是获得，是消耗也是滋养。当他们有了这份切实的体悟，或许可以悟得，或许为悟得奠定基础——人走向内心世界的路，远比走向外部世界的悠长得多。

李一慢

目录
+
contents

第一篇 | 中国是我家

游学从国内开始——小小"读行侠"

我向来认为阅读是伴随孩子终生的生活习惯，阅读从属于生活。但是在早期，亲子共读是家庭学习的重要手段。家长从亲子共读开始，逐步引入亲子共玩（或者亲子共玩早于亲子共读）、亲子游学等方法，以形成和建立适合各自家庭的教育环境。古人有云："读万卷书，不如行万里路。"游学本是古来有之、历史悠久的教育形式。当然，人们在读书之余，必然伴随求知的其他方式，即体验、思考、互动。其中的遍游各地、亲见亲历，或者带着问题上路，体验和思考找寻答案的学习方式，我称之为"游学"。

目前的游学市场多的是以开眼界为主的出国游学以及针对顶尖大学的"朝圣之旅"，给孩子生活的体验、观察和思考的游学较少，为学前和学龄初期的孩子提供的游学更是少之又少。而且，游学也有变味的趋势。寒暑假，一些旅行社争相以"游学"的名义搞纯商业化运作的出国旅游，更有某些夏令营，带着孩子去国外走马观花，违背了游学的初衷。而孩子之间童稚的"炫耀"，到了家长那里会变成跟风和攀比，这样的游学实在是舍本逐末。

在与几位移民国外的朋友聊天时，他们经常念叨着，出国前自己没有好好地把国内走遍，没很好地了解祖国的传统文化，甚至懊恼没有背诵更多的唐诗宋词和之乎者也。相较于到了国外的环境，子女可能出现的"改变了味道"的快速成长，他们更担心孩子身上作为"中国人"印迹的快速消失。更遗憾的是，自己心有余而力不足，无法给予孩子"滋养"，也就是中国文化的浸润和熏陶。究其原因，肯定与小时候的眼界局限，与成长时期的阅读和游学体验缺乏有关。见多识广有时候带来的重大作用就是在一个特定的场合发现："这玩意，我知道。""我小时候背过……""我和爸爸妈妈来过。"——这样的事情多了，每一次的阅读、体验、旅行，都像是故人重聚、故地重游。

了解中国，文字之始——安阳殷墟

2013年寒假，我们在嵩山爬山的归途特意去了安阳，探访最早的古都遗址——殷墟。

殷墟在河南最北部的安阳市，在那里出土的甲骨文震动世界。甲骨文是中国最早的文字，正因如此，国家级的中国文字博物馆也设立在安阳。另外还有那尊司母戊大方鼎，这些都是在孩子的文史知识学习中需要了解和积累的内容。如果能亲临现场，相信会引发孩子的极大兴趣，这就是这次游学的初衷。孩子们听说能去探究最大青铜器的发现现场，能到地下的博物馆去"考古"，很是向往。

殷墟博物馆在安阳北郊，看着路标很容易来到这处世界文化遗产景区。那里看起来貌不惊人，不过还是比我们后来去的王陵要气派一些。这次的游学有四个孩子同行。孩子多了就是不一样，一丁点儿的小主意碰撞碰撞都能擦出火花——有人要"研究"甲骨文，立马四个全上；有人要"挖洞考古"，四个人就全蹲下去；有人要骑马，四个人就奔着石马而去；有人说跳骑马舞，孩子们就舞之蹈之……

好在殷墟博物馆是在地下，往地下钻本就容易激发孩子们的兴趣，听说要去地下探宝，大伙儿便鱼贯而下，然后惊叹于——不是青铜器，不是甲骨文，而是墓葬现场！他们仔细研究了墓葬里的各种尸骨，观察他们的分布，分析他们的死因。孩子们对于文字的、语言的、影像的骷髅幽灵心存胆怯，但看到"真迹"时却毫不畏惧。他们对每一处墓葬都兴趣盎然，仔细观看骨骸尺寸，判断大小，询问和讨论零散骨头的来源。在史上第一位女将军妇好的墓里，孩子们观摩良久。女儿绕到对面，发现还在观察的其他孩子的正下方也有人骨头，小声惊呼起来。其他孩子立马跑过来，又是一番议论纷纷。

孩子们提出的各种问题，有些是我们知道的，就直接回答了，有些我们都不知道，就赶紧拉着孩子听解说，或者看说明牌。

博物馆里的指示牌有些是用甲骨文书写的，比如十二生肖、百家姓等，也会吸引孩子们研究一番。

"杏花。春雨。江南。六个方块字，或许那片土就在那里面。而无论赤县也好，神州也好，中国也好，变来变去，只要仓颉的灵感不灭，美丽的中文不老，那形象磁石般的向心力当必然常在。因为一个方块字是一个天地。太初有字，于是汉族的心灵和祖先的回忆和希望便有了寄托。"诗人余光中先生在《听听那冷雨》中这样说汉字，也说着我们共同的人文之脉。汉语言，不正是我们成为我们的一个重要特质吗？

中国文字博物馆很值得细细游览，从木石印刻到信息技术，从仓颉到王选，用五大展厅向孩子们展示中国文字的历史。

博物馆里有不少孩子们喜爱的设计和展示，"甲骨文拼图"我们就玩了半天，猜字谜也挺有趣，就是觉得量少，几个孩子分不过来。

不过，我们在文字博物馆的时间安排过于紧张，中间的展览没有看完，很是遗憾，只得留待以后再去。

这次的游学计划是我和儿子一同商议的，因为我有个"八大古都游学"计划（按建都先后分别为：安阳—郑州—西安—洛阳—南京—开封—杭州—北京），儿子最近对历史的兴趣渐浓，于是我们就从几个目的地中选了安阳殷墟。家里的《中国历史地图集》和《话说中国》都起了大作用，当然百度搜索更是不可或缺，特别是用百度地图查询驾车路线最为方便。我们一般会请孩子们在家庭会议上介绍计划，查询驾车路线后画出路线图。这样从一开始就能增加孩子们的兴趣。本来担心像殷墟这样的人文景观，孩子的关注度会不高，但就殷墟游学过程来看，孩子们是有自己的兴趣点的。我们要给孩子减压，别给孩子"学"的负担。这样，在计划和实现计划的过程中，旅行不仅仅用来享受，也用来收获感受；既有阅读的考验，更有人生的体验，有时候还带有生活的磨练；更难得的是，通过游学，可以充分感受人与自然和睦共处的无尽乐趣，为家庭创造更多难忘的共同记忆。

这次游学回来后我们又有了扩展动作，因为殷墟博物馆的司母戊大方鼎是复制品，真品藏在国家博物馆，我们就去了国家博物馆。虽然以前看过国博四楼的司母戊鼎，这次有了发掘现场的体验，再去看就又不一样了。

家里的相关书籍，比如《国宝的故事》《讲给孩子的中国历史》《创世在东方》这样的书很受欢迎。特别是《国宝的故事（先秦卷）》成了每日必读书了。我和儿子还去了商周燕都遗址、首都博物馆、国家博物馆，对青铜器时期的相关知识有了进一步了解，而且更加兴趣盎然。短短一个月内，我们陆续流连于殷墟博物馆、中国文字博物馆、商周燕都遗址、首都博物馆、国家博物馆，这就叫趁热打铁。

儿子的新愿望是成为天文考古学家，女儿也表示要考北大考古系——因为她发现各处的考古工作都有北大考古学生的参与。

───────── 行走中成长，旅行养人格 ─────────

我们带孩子爬高山、走沙漠、趟草地、漫步油菜花间，其实是为了让孩子们感受大自然的真切。他们不走平整的游道，而走砂石、乱土、石头缝，既能释放孩子天性，又能让他们体味自己所选"道路"的艰辛，以及"战胜"艰辛后的快乐。希望这样的经历会让他们更能吃苦耐劳、更健康。最近几次爬山，我下山时小腿肚子打颤，恨不得倒着走、爬着走，孩子们却依旧活蹦乱跳，在台阶边滑行，在树林中穿行。

在旅行途中，各种经历、观察，以及力所能及的有关制定路线图、购票、结账、购物的各种分工，都可以让孩子们学习成人的待人处事之道，学习人与人之间建立关联的沟通之道。看到不同的人，学着包容与理解；偶遇毛毛虫、蝾螈、松鼠、老鹰等各种生物，学着敬畏大自然。在一个行走的课堂中，不用我们再多说教，真实的体验会给他带来深深的影响以及能力的锻炼。

类似的实践和计划还有不少，且待我们一一实现。有些特别有趣好玩的内容，我会拉着孩子一起做计划，增加游中有学的乐趣，有些计划是我有意安排进去的，特别是一些人文内容（不过，就我们在殷墟的游学中看，孩子们是有自己的兴趣点的），要给孩子减压。

儿子有个大大的中国地图，就挂在厨房的墙壁上，上面用透明即时贴标出了去过的地方，每个地方都是满满的回忆，都有孩子们自己的故事。这些故事会在今后的学习中与他们重逢，也会在以后的生活中打下底色。现在，儿子已经走过80个城市，他有时会问起："我们什么时候去国外的城市啊？"我们是想等孩子积累了足够的独自远行的经验后，再安排他们出国游。从时间节点来看，要等儿子成为中学生时就可以实践了。2017年的暑假将是第一次的一家四口境外游，目标——"高棉，神秘的微笑"，文化、地理、便利性、气候（亚热带）、语言等因素是选择的原因。之后，会一路向西，中东、东欧、西欧、非洲、美洲……他们会渐渐成长，更多的境外是需要他们自己游历的，真期待这一天的早日来临。

########## 儿子的第一个万里路是怎样的? ##########

古人要想成大器除了要有文才外，见识也是必需的，古往今来也不乏这样的名人志士。被称为旅行家的徐霞客，以及大禹、李白、苏轼、李时珍等各行各业的人士都在"走万里路"中砥砺自己、增长见识，为事业打下厚实的基础。古人的"行"是货真价实的徒步，偶尔假以舟车，然而道路险陡，能走万里绝非易事。现在，物质文明极大丰富，要想"走万里路"易如反掌。我们家充分利用私家车的便利，把汽车当成古人前辈的"马车"，利用现在四通八达、平坦方便的高速公路，从儿子出生半年多就开始自驾行。在儿子5岁的时候，就完成了他的第一个万里行，到他10岁时，已经完成了十万公里行！而女儿在8岁时候，也达到了这个里程，已经去过60多个城市。

1 第一章 📍 行走首都

> 除了在共同的读书中成长，将读书与行走结合在一起的读行侠一家，在生活里丰富着书本的世界。热闹的前门大街成了最生动的课堂，古老的建筑、人来人往的街道，历史的变迁就这样从书上呈现到眼前。
>
> ——中央电视台"书香家庭李一慢"专题报道解说词

北京的游学资源得天独厚，丰富多彩，很多的游学路线，不论是点还是面都可与北京交会。我们选择了北京城本身作为游学目标，是个动态的、没有终点的路线。

我一直有个观点，北京作为中国的中心，早已不仅仅是"土著"居民的北京了，而是全国人民的北京，甚至是全世界人的北京。我们这些"外来人"，经过学习和事业的铺垫，会慢慢成为新一代的北京人。我们的孩子，无论户口本上誊写的籍贯是哪里，北京是他们的出生地，北京就是他们的故乡。

我们都是北京人。

我们都要了解和熟悉北京。

就像读者们，你们所在的城市就是孩子的家乡，我们有义务让孩子们深入地了解自己的家乡，将来他们对家乡才会有具体的思乡之情。

我是怎样在家庭里帮助孩子了解自己家乡的呢？

起点就是自己的家——住处。

剖去"家乡"的外衣，自己所在的那个点，那个门牌，那个房子就是自己的家。每当飞机落在首都机场，火车停靠在北京站，高速过了收费口，我们心里都会升腾起"回家了"的感觉，而只有回到自己的住处，才能感受到那种"到家了"的真切。

因而，我们必须对这个"家"有所了解。

我在北京住过的家有好几个，而只有位于积水潭北的住处才能称为我们一家人的第一个家，那是我们的婚房，也是孩子们的第一个家。这附近有小西天牌楼、文慧园、索家坟、红联村、地铁公司、郭守敬纪念馆、太平湖、小西门等地名，这些地名能够帮助我们来定位那个地理意义上的家，也能够帮助我们定位那个文化意义上的家。孩子们会走路了，我们就拉着他们在这些地界溜达，跟他们反复地说这些地名——某种意义上这也是一种安全教育。

以住家为出发点，以"我是北京人"为探究原点，我们开始了首都的历史和发展的游学之旅，已经历时5年，仍未结束。

男孩子在3岁后开始喜欢公共交通工具。有一趟车，经过小区胡同口有一站，名唤"运通104"。儿子非常喜欢这趟车,经常缠着姥姥抽空带他去坐车。我还几次带他北上南下到这趟车的起始站去看看。这条路线从望京的南大街北口到海淀的四季青金庄,途径"小西天"。它是穿过那个"点"的一条线,这就进了一大步:从一个点辐射到了沿线他感兴趣的各个点——当然起点和终点是最为重要的两个点。类似这样的线后来又增加了几条。除了儿子喜欢的公共交通路线外,我们经常牵着他在积水潭一带溜达,在北师大校园里玩耍,在我工作的地点枫蓝国际和西环广场闲逛……这样的点与线越来越多,对城市的了解也越来越多。记得他上幼儿园大班的时候,我带他到单位玩,他在白板上把当时北京地铁的路线图给画了出来,让大家都很惊讶;他上了小学,一年级下学期,学校开设了选修课,儿子发现有"北京城的历史与发展"这样一门课,就毫不犹豫地选修了。

为了满足他的求知欲,也为了间接完成他的"课业",首都游学计划应运而生。我们打算分批实施计划。从何处开始呢?可以从周口店的北京人开始——但是我担心过早去探究早期人类遗址,未必能引起孩子们的兴趣,于是决定先缓一缓。最终我们决定从北京城建城史的源头——商周遗址开始。要去这个地方还要乘坐新开通的地铁线——这样的路程孩子就会一直有兴趣,下了地铁后,又坐了郊区的公交,然后坐了三轮车才到。别担心交通工具的变化和不便,孩子们喜欢这样的"折腾"。

那个时候,我们已经开始去博物馆看国宝了,儿子对青铜器有了点滴的认识和喜爱。商周遗址出土的"大克鼎"等青铜器,他也没有抵触。

我们还在暑假里去幽州古村露营。在讲到北京历史的时候,幽州是其中重要的一环,作为建制的"幽州"已经不存在了,但是在京郊河北有个还通绿皮火车的村落——幽州村。

幽州这个地名对我而言,还结缘于刘兰芳播讲的《杨家将》——2016年我们在长途旅行途中也开始听了,只不过不是当年我和胡老师(我妻子)都听的刘兰芳版本。在旅途中,孩子们可以一口气听上几个小时,胡老师很是感叹:"妈妈当年只能一天听半个小时呢!现在你们可好,随时听。"《杨家将》中可以随时听到幽州这个地名。幽州虽然不在《禹贡》的九州内,但在《周礼·职方》已经有"东北曰幽州"的说法。到了西汉，幽州成了当时十三个"省级"单位之一，是北方的军事重镇、交通中心和商业都会，其范围大致包括今河北北部及辽宁一带。幽州治所建制时间最长在蓟县，故址在今北京市城区广安门附近。

宋辽时代，幽州也就是北京及附近地区。辽代将原来的幽州升为幽都府，建号南京，又称燕京，作为辽的陪都。燕京就是今天北京的旧称，后来之所以改为北京，是明朝时期朱棣为了与南京相区别。

现在作为地名还存在的幽州，只是一个位于北京和河北交界处的小村庄，处在永定河峡谷（幽州峡谷）的中段，非常适合徒步穿越、自驾、烧烤、扎营、玩水、自行车骑行。

我们约了六户人家去露营，那是我们第一次露营，还赶上了大雨。在雨中露营，把孩子们高兴坏了，妈妈们还在讨论要不要搭帐篷，爸爸们带着孩子们已经动起手来。于是，在湿哒哒的土地上搭起了湿答答的帐篷，浑身湿透了的我们钻了进去。带着生不了篝火的遗憾，在微弱的灯光下，各个帐篷里都传来了讲故事的声音，然后就是呼噜声……

天一亮，篝火就燃了起来，美美的烧烤弥补了昨晚的遗憾。然后，我们进了幽州。这个北方的村子看起来别有味道，河水绕村而过，铁路背山穿行，房屋依山而建，用石头层层建造……我们都知道这个幽州和那个幽州没有什么关系，然而，正是这个幽州给了我们不一样的触动——安静、平和！

使北京从边关重镇变为国之首都的是蒙古人，当时这里被称为元大都。前面说过，小西门正是元代北京西城墙上新开的一个门，那里有元大都遗址公园，往北走不远就是旧燕京八景中的"蓟门烟树"。这一段土城墙，我们溜达过。说来也巧，我单身时住的集体宿舍就在北土城护城河——小月河畔一带，21世纪初那里还乱七八糟，因为建设奥运会的缘故被修整成了公园。后来小姨住在那里，那里也成了孩子们经常去玩耍的地方。最早去那里转悠时，儿子还是学前的娃，哪里有五年级学生一般对于历史的热爱？跟他说历史云烟，让他看高大的成吉思汗的塑像，他也毫无感觉。他最喜欢的莫过于爬上元代的土城坡，然后再小心翼翼地溜下来。

后来我们也常常去玩。带着他了解历史知识，慢慢地，孩子成了一个历史迷，没事的时候，能跟你讲一个历史段子，考你一个历史问题。

之后，这里又成了金中都。在被定为金中都的时候，这儿叫燕京——就是燕京大学、燕京啤酒所指的"燕京"。金不仅改燕京为中都，还把本地地方政府改为大兴府——这就是现在大兴区区名的由来。我们爷俩研究过金中都的遗址范围，画过图，也去过广安门外的遗址公园和博物馆。儿子还研究过那儿的几个城门。今天的右安门大街、牛街、长椿街至闹市口就是当年的南北大街——也是古代城市典型的一条中轴线。丽泽门、会城门、太液池、卢沟桥……这些金代地名沿用至今，诉说着那一段段历史。而金中都遗址公园里的宣阳驿站（此名来自金中都的宣阳门），如今也成了一处市民阅读空间，成了老百姓的第二书房。

从明代开始，一切就变得更加丰富、清晰起来。2015年，中央电视台采访我们家阅读与行走相结合的游学，选的就是其中的"中轴线"一段。在电视报道中女儿还说了一段快板：

打永定门往鼓楼看，

这本是老北京的中轴线。

东西两城由它分，

城南城北依它建。

什么永定门、正阳门，

紫禁城、三大殿，

万岁山、钟鼓楼，

中心全坐这条线。

这条线叫卧龙线，

想当年，皇帝威坐太和殿。

这条线，您可别小看，

它敢把皇帝的屁股分两半。

这条线，似脊梁骨，

再游北京心有谱。

　　这是一段传统数来宝《数唱北京》，"这条线，似脊梁骨，再游北京心有谱"，女儿这段说的正是北京的中轴线。

　　谱从何来呢？

　　明清北京城的一个最大特点，就是以宫城为中心的向心式格局和自永定门到钟楼长 7.8 公里的城市中轴线，这是世界城市建设历史上最杰出的城市设计范例之一。中国建筑大师梁思成曾这样赞美这条中轴线："一根长达八公里，全世界最长，也最伟大的南北中轴线穿过全城。北京独有的壮美秩序就由这条中轴的建立而产生；前后起伏、左右对称的体形或空间的分配都是以这中轴线为依据的；气魄之雄伟就在这个南北引伸、一贯到底的规模。"按照传统的"隆庙社、崇阙坛"规制，在中轴线两旁对称排列着各种坛庙建筑物。天坛、先农坛、东便门、西便门、崇文门、宣武门、太庙、社稷坛、东华门、西华门、东直门、西直门、安定门、德胜门以中轴线为轴对称分布。所有的皇室宫殿、坛庙、政府衙署和其他重要建筑，都依附着这条中轴线而结合在一起。

　　我们能够借助想象复原明代中轴线上宏伟的景观。自南向北，分别是永定门、正阳门、大明门、天安门、端门、午门、太和门、太和殿、中和殿、保和殿、乾清宫、交泰殿、坤宁宫、神武门、北上门、景山门、万春亭、寿皇殿、地安门、鼓楼、钟楼。它们从永乐时代起，就占据着都城的轴心位置。中轴线是一条抽象的线索，但它因这些建筑而有了具体的形迹，甚至随建筑高度的起伏而具有了跳动的乐感。

　　故宫是这条轴线上的核心，是全世界的文化遗产。穿过故宫后门——神武门就来到了景山。这座小山是整个京城内的最高点，山顶上的万春亭居高临下，从此处登高远眺，给我们观察帝都提供了最佳视角，古都风貌尽在眼底，特别是能够非常清晰地看到这条中轴线。天气好的时候，北边的奥林匹克森林公园、南边的永定门都看得一

清二楚。在明朝时，这是皇帝的特权——每到重阳，皇帝都会登临景山，俯视他的重重殿宇和无限江山。

这条线上北部的规划建设要比南部的好，这要归功于亚运会、奥运会这样的历史契机。

申办 1990 年亚运会成功之后，为了连接城市中心和亚运村，北京在二环路钟鼓楼桥引出鼓楼外大街，向北至三环后改名为北辰路，路的北端就是有名的熊猫环岛。这条路实际上是原有中轴线的延伸，但在北京人的口语中，这条路被称为"中轴路"，刚修通的时候，不堵车，出租车司机都挺爱走的。后来北四环建成，这路也延伸到了北四环，并在路的西边建造了中华民族园，东边则是奥体中心。2001年北京申奥成功后，中轴线再次向北延长，成为奥林匹克公园的轴线。东边建造了国家体育场"鸟巢"，西边则是国家游泳中心"水立方"。这两个建筑一圆一方，体现了中国古代天圆地方的思想。

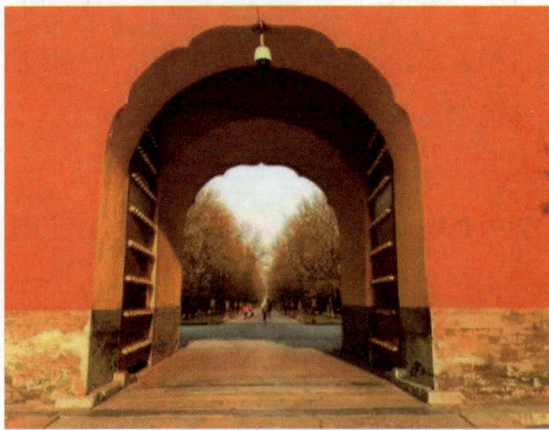

再向北，穿过奥林匹克公园，到达奥林匹克森林公园，该公园中间的仰山、奥海均在中轴线上。

跟金中都、元大都的城墙遗址一样，明代北京城也有城墙遗址，现存的崇文门至城东南角楼一线的城墙遗址全长 1.5 公里，是原北京内城城垣的组成部分，也是北京城的标志之一。明城墙只保留正阳门、正阳门箭楼、德胜门箭楼、东南城角楼、内城的南城垣（明城墙遗址公园）和西城垣残段（西便门）。

这些点和面，我们都陆陆续续去过，连起来也就成了线。其中的部分线段，比如天坛到前门，前门到午门，午门到鼓楼，我们还徒步走过，对这条线更有了感性的认识。不仅如此，既然是"脊梁骨"，就有横生的各种小骨架——就像老北京的名吃羊蝎子似的。在北京，东西向的干道本来没多少，最知名的当然是东西长安街了，然后就是连接西直门和东直门、朝阳门和阜成门之间的大街，以及前三门大街，后来又修通了平安大街和广安大街。城里构成骨架的就是胡同了，我们也多次去胡同溜达过，胡同里虽然看起来破旧，但却是北京的文化基石。然而，现在住在胡同里的，除了部分老北京人外，大部分是外地人。

对我们所生活的城市的了解方法，会因为城市的不同而不同，但是点线面结合的方法，无疑是了解北京最合适的一种。

在北京，有很多易于游学的教育资源、自然资源和户外空间，也有很多阅读、科普、社会的学习和交往机会、公共服务供应，以及各类教育机构、出版机构、研究机构的免费讲座、活动体验，也涌现了诸如我发起的亲子阅读公益机构爱阅团，以及悠贝亲子图书馆、朋朋哥哥、根与芽等品牌儿童教育机构和个人，不夸张地说，全北京都是孩子们的教室。很多爸爸妈妈也正在发现更多的乐趣，享用现有的并发掘更多的优质教育资源。如同本书中的各种路线一样，介绍这样的资源、路线，特别是我们对待教育和游学的态度，有助于顺应自己和孩子的天性，搭建外在桥梁，让学习变得简单，变得快乐。

北京周边适合孩子去的、可以贴近自然的场所越来越多，我们去过蟹岛、天然居、大兴农家乐、西瓜果园、薰衣草园，当然还有冬天常去的温泉。孩子们在蓝天白云下、绿草山野间、雪夜温泉中非常开心，跑跑跳跳、嘻嘻哈哈、玩玩闹闹、扑蝶捉虫……都是极其快乐的童年时光。

出京游学也常碰到这样的玩乐情形：我们在辽东半岛游的时候，在辽河入海口的滩涂边，在黑黑的烂泥里捉小小的螃蟹成了那天下午的主要工作；在杭州的西子湖畔，我们就坐在树荫下，享受着"水光潋滟晴方好"的美景。女儿不一会儿就在春风吹拂下睡着了，我们也就成了风景。

2 第二章 📍 海岸线游

　　儿子慢慢长大，对历史、地理渐感兴趣，李一慢开始规划多条国内游学路线。看到现在很多家长热衷于带孩子出国游，李一慢觉得，孩子先要对祖国有较深的了解，才能有立足的文化根基。"如果某天你和法国人一起聊塞纳河，法国人更感兴趣的是你能和他聊聊长江、黄河，如果你对祖国的文化都很生疏，那岂不贻笑大方？"儿子8岁时，全家进行了一次"灯塔之旅"，一路行经蓬莱、烟台、青岛等地的12个灯塔。也曾进行过一次"民居之旅"，看福建土楼、江南水乡民居、上海石库门里弄等。这样的主题游，有助于孩子知识结构和思维方式的发展。

　　　　　　　　　　　　——选自《为了孩子》2015年第9期　作者　沈明霞

　　在前文中，我已经表明了自己对于游学"国内优先"的立场。为了支持这个立场，还需要一些策略，比如要真切地了解中国的地理，祖国的疆域边界就是个非常重要的学习内容。我们都知道中国陆地面积有960万平方公里，陆地边界2.28万多公里，东部和南部大陆海岸线1.84万公里，这些我们可以从阅读和教学中得知。具体怎样？这么长的边线各有什么样的特点呢？我把这个想法一说，大家都很有兴趣。更主要的是，我们先定下来要去海岸线，并且安排在暑假执行，这本身就是个浪漫的旅行，小孩子没有不喜欢在暑假去海滩玩，去吃海鲜，去洗海澡的。然而，浪漫的"游"和"学"在哪里体现呢？这就得发挥主观能动性，发挥框架性思维的优势，进行整合。第一趟是江苏、上海、浙江、福建一线的"民居之旅"，第二趟是绕着山东半岛的"灯塔之旅"，第三趟是绕着辽东半岛的"和平之旅"，第四趟是广东、广西的"发展之旅"，海南岛和台湾岛计划则单列。

2013 年是"民居之旅"，主要源自游天津的启示。

天津离北京近，我们经常去，每次去的主题也不一样。不过总会有建筑欣赏这一内容，像是由五大道的联排别墅改成的咖啡馆、相声会馆、教堂，还有奇特的瓷房子，我们都专门去看过。最近的一次则是洋楼行，我们直接住到了庆王府。

2014 年的主题是"灯塔之旅"，源自家庭的亲子共读。如插图所示，那是我家的一个书架中的一格，放在这里的书有一个共同的特点，都是与灯塔有关。其中一本是《凡尔纳的足迹》——我儿子二年级就开始喜欢凡尔纳，开始读他的书。儿子的阅读给了我们一家在阅读内容上的启发：于是，胡老师想要看伍尔夫，她就看《灯塔行》，女儿则自己翻出了贝贝熊系列里的《灯塔闹鬼记》。这样的阅读也给我们设计游学路线以启发，我们就按照这个思路定了"灯塔之旅"的主题。设计路线是我和儿子的任务，我们一起百度资料、设计路线。于是，从北京出发，奔山东的东营，沿着海岸线走到龙口、蓬莱、烟台、威海，再从荣成成山角一拐弯，到青岛、日照、连云港。我们沿途选了海边的 12 个灯塔。一路沿着海边旅行，在海边吃海鲜，到海里游泳。女儿画了许多灯塔的画，儿子写了四首关于灯塔的诗，然后他们还玩乐高——乐高中有一款玩具是灯塔组合。这是当时在网络上很时髦的"带玩具游世界"。他们都特别高兴，已经大大超出了以前带他们去海边玩的那种高兴。要知道，对知识的渴望原本就是孩子的天性，孩子也有某种程度上的"虚荣心"，他跟别人去聊天的时候，也需要丰富的谈资。正因为这样，我们平常在做游学设计的时候，可以额外地多设计一些内容。

2015 年的暑假，我们原本按计划要去辽东半岛。全家一起提前参与策划寒暑假的游学路线，这样，孩子们会更有期待，也更有收获。这次的主题本来早就定了——清朝探秘之旅，但是 2015 年是个特殊的年份，是抗战胜利 70 周年，孩子们通过学校教育、公共媒体知道了大量的知识和信息，而辽东半岛的几个游学点也都与战争有关，于是在"清朝探秘"的基础上，我又增加了"和平之旅"的主题，希望孩子们在读了《和平是什么？》《迷戏》《南京那一年》《火城》那样的绘本，以及《火印》《1937，少年夏之秋》这样的文学作品后，可以通过实地考察，多一些对于战争与和平的感受与思考。

这一整年，我们把"战争与和平"作为贯穿始终的主题，在亲子共读和独立阅读方面，根据儿女阅读状况的不同而选择不同的阅读素材。与女儿共读绘本，与儿子共读小说。儿子看了一部大电影《坚不可摧》，因为听说这部电影改编自准传记小说，就让妈妈买来了书，在一个月的时间内硬是读完了这本长达 42 万字的小说。还有描写塔利班统治下阿富汗儿童生活的《帕瓦娜的守候》，我也会选来读给孩子们听。

也是这一年，儿女开始听、读《三国演义》。这个本身就是国内文学作品中可以用来进行"战争与和平"主题阅读与讨论的最佳选本，我们当然不会放过。于是经常聊起其中的内容，还会进行三国主题的游学。

在亲子共赏环节，我们看了《虎口脱险》《美国队长》《变形金刚》《坚不可摧》《林海雪原》《星球大战》等电影，同样也会在和他们一起聊有兴趣的话题时，适时地融入我的一些关于战争与和平的思考。

在暑假前，辽东半岛就已经是孩子们和我经常聊的地方，他俩对于地图上的路线、城市也反复查看。在实际的游学过程中，我们去了辽沈战役纪念馆、抚顺雷锋馆、丹东断桥、抗美援朝纪念馆、老铁山、大连潜艇博物馆（国内唯一的潜艇博物馆，其中有一段模拟潜艇之旅。我认为那算是一趟冲击"战争与和平"理念的战争之旅，确实能吸引大人孩子的关注）、抚顺博物馆（馆址就是当年的关东军司令部）等游学点。老铁山炮台给我们的感触最深：日俄战争、二战结束的中国代价、苏联的租界……

他国在我们的国土上战争，他国要抢夺我们的海权要塞！

在海边常常看到鱼获、吃到海鲜。在北京时，我们就非常享受在威海小鱼馆大块朵颐的感觉，而在海边天天都能享受到。

有一次在天津，我们租住的是公寓套房，临近就有海鲜市场。我们去那买了最新鲜的海货，带回有厨房的公寓里"自己动手，丰衣足食"，每顿还不重样。这成了我们海滨游中最物美价廉的海鲜大餐，把威海、烟台、青岛、日照、连云港等地方的品牌海鲜餐馆、海鲜路边摊、海鲜船，统统都比下去了。

这是皮皮虾初加工的样子，在海岸线的游学中，吃海鲜成了舌尖上的美好体验。

海岸线之旅途中，我们还亲眼看见了跨海大桥。看着这些不凡的建筑，自豪感会油然而生。

在青岛的时候，我们专门跑了趟青岛海湾大桥，也叫胶州湾跨海大桥，这是我国自行设计、施工、建造的特大跨海大桥。大桥全长 36.48 公里，投资额近 100 亿元，历时 4 年完工，是当今世界上最长的跨海大桥，也是世界第二长桥。

第二趟沿海游的时候，从上海到宁波走的是历时 4 年半建设完的全长 36 公里的杭州湾跨海大桥。

后来听说连云港也在建设跨海大桥，于是我就一直关注。3 年内去看了 3 次，都没有看到跨海大桥通车。最近的一次是在 2016 年春节，那时候，大桥已经具备通车条件了。这座 2013 年 9 月开工的长为 4.5 公里的紧贴着海岸线建造的公路桥，终于在 2016 年 5 月 1 日建成通车。

正在建设中的还有伶仃洋附近的珠港澳大桥，全长 56 公里，历时 7 年，即将建成通车。希望以后有机会驾车通过这座世界上最长的跨海大桥——它将超越青岛的胶州湾跨海大桥。

三次海岸线之旅完成后，剩下来就是厦门到广西防城的南方海岸线，以及台湾岛和海南岛了。我们计划再利用两个暑假去旅行，到时候，两广海岸线、海南岛就会被画成彩色的实线——孩子们会在地图上把去过的地方做个标记。问题是我们如何实施？对此，我又有了一个新的主意：扎根广州 20 天，东去厦门接之前的路线，西去广西防城，并深入越南，再回到广州，南下伶仃洋。

或者，火车先到湖南，借车西南行至凭祥友谊关，再掉头往东，路线为防城港—海上越南—北海—雷州—湛江—珠海—澳门—广州—汕尾—汕头—梅州—赣州—郴州—北京。

去台湾岛一直都在计划中，最后还是决定等儿子念中学时再去，甚至让儿子一个人去都可以。而且，那时女儿也成为高年级的小学生了，对一些问题会有自己的观察、自己的想法。

2016 年上半年，我和孩子们也关注了南海问题。如果将来南沙开放旅游，我们愿意全家前往，踏上祖国最南的地方。

3 第三章 城市与湖

身着红格子衬衫的父亲坐在中间托着书,儿子靠在左肩,被揽在右怀的女儿翻着书页……这张微博头像正是李一慢一家亲子阅读的真实写照。

每天睡前,他和孩子们准时开启读书会,书目是孩子们自选和由他指定结合,"阅读内容要从有趣的书来引入,然后以有用的书来拓展,最后才是所谓有益的图书"。

一慢,二看,三玩,在李一慢看来,教育是留白的艺术,是三分教,七分等,家长要放慢脚步,引领孩子读书看世界,陪伴孩子玩出成长乐趣。

——《科技日报》记者 陈瑜

2014年的暑假,我们还去了南京和杭州,这次旅游除了是"八大古都"路线的主要组成外,还设定有一个新的主题——"城市与湖",引导孩子们关注杭州的西湖和南京的玄武湖,进而了解人类聚居生活与水的关系。

你所在城市有湖吗?湖的名称是_____;这湖给城市最大的好处是_____;与湖有关的历史名人是_____;描写湖的诗词有_____。

面对这样的问题,我们请了杭州和南京的两个家庭的孩子(比我们家的孩子要大）做了准备，待孩子们见面的时候可以给大家上课。

忆江南·江南忆

唐·白居易

江南忆，

最忆是杭州。

山寺月中寻桂子，

郡亭枕上看潮头。

何日更重游？

　　杭州是我最爱的城市之一。我年轻的时候多次去过杭州，但总是行色匆匆，走马观花。儿子出生那年，由于工作的缘故我在杭州小住十多天。时值金秋，竟能于车水马龙之间闻得桂子香，再加上多次的植物园、西湖周边的徒步徜徉，我更加喜爱杭州了。

　　后来，我们一家三口又去了杭州三次，其中有一次待了十多天。我们住在浙江大学玉泉校区旁边的宾馆里，没走几步就可登山，直入杭州植物园，闻一闻花草绿树的味道，在林荫间晒晒太阳，带点面包喂喂植物园最为知名的玉泉锦鲤。跟锦鲤同样知名的还有那一片竹子！因为有了在婺源眼馋竹笋的经历，看到植物园一大片竹林，我们还刻意去寻找有没有小小的、刚露头的竹笋。有一天，我起得早，就跑到植物园，跟当地人一起跑步，那空气，绝对秒杀首都的任何好天气。一不留神就跑到了西湖边，太阳已经升起，所谓"水光潋滟晴方好"的景色，此刻就在自己的眼里。

　　有了这次探路，有一天下午，我们仨就徒步穿越到了西湖。那时候儿子还小，我们带着他在湖边漫步，骑着三人自行车绕湖穿行。这一路正是"出得西湖月尚残，荷花荡里柳行间。红香世界清凉国，行了南山却北山。"这首诗是宋人杨万里的《晓出净慈寺送林子方》的第一首，却没有第二首那么出名："毕竟西湖六月中，风光不与四时同。接天莲叶无穷碧，映日荷花别样红。"我们在西湖边小住正是六月中——我认为从六月中到八月半应是西湖最美丽的季节。儿子上了小学后，在课本上学习了这首诗，他跟我们回顾了当时他在西湖边游玩的情景——我惊讶于孩子的记忆力，按理那么小的孩子哪里会记得什么，可他却记得绕着西湖走的经历，还有沿途那"无穷碧"的荷花。

说到孩子们要在课本中学到的描写西湖的诗词，不得不提到苏轼。苏东坡对于西湖的影响殊为重要，他的《饮湖上初晴后雨》也入选了课本。《饮湖上初晴后雨》也是两首诗，"其一"同样比不上"其二"闻名，诗云："朝曦迎客艳重冈，晚雨留人入醉乡。此意自佳君不会，一杯当属水仙王。"我们在西湖边上一直念念叨叨的就是其二："水光潋滟晴方好，山色空蒙雨亦奇。欲把西湖比西子，淡妆浓抹总相宜。"

那个时候，孩子们还不清楚何为"潋滟"，何为"空蒙"，我们指着近处的湖面，指着远处的青山：就在那里了。

因为诗歌引起的与儿子的聊天中，他记不得的事情，我们也一起回忆起来，他对自己居然在自行车上睡着了颇感奇特——哪里管当时我们的担心：小人儿睡得几欲从座中翻落。

等后来有了妹妹，我们再去西湖，儿子已经记事，能记得自己"又一次"坐在自行车的后座了，而妹妹只能由妈妈抱着，坐在另一个座位上。

还有一次我们在杭州中转，虽然时间紧迫，我们依旧赶了个大早去感受西湖的清晨，就是觉得来了西湖那么多趟，还没有伴着初升的太阳在西湖边上闲坐的体验，有点遗憾。

去西湖怎么能少了美食呢？说到美食，怎么能不去楼外楼呢？怎么能不说说"山外青山楼外楼"这首诗呢：

题临安邸

宋·林升

山外青山楼外楼，
西湖歌舞几时休？
暖风熏得游人醉，
直把杭州作汴州。

这首诗我们经常念叨，不光是杭州的缘故，还因为我们发现很多字号都是类似的文字结构（"天外天"等）。

我还经常会和孩子们吟诵苏轼的另一首诗《题西林壁》："横看成岭侧成峰，远近高低各不同。不识庐山真面目，只缘身在此山中。"说到这首诗，很容易联想到王安石的《登飞来峰》："飞来峰上千寻塔，闻说鸡鸣见日升。不畏浮云遮望眼，只缘身在最高层。"这样就扯远了，我们还是回到楼外楼吧。我们去的不是最正宗的那家——那家人太多了，我们往西溪的方向走，那边的楼外楼好似亭榭深入到景色中，隔着窗户，闻着花香，品味美食，一家人未吃先自醉——不正是"暖风熏得游人醉"吗？

美食就不用我推荐了，相信各自有各自的舌头，各自当天碰到的厨师有当天的心情，甚至你点到的那条鱼也有着那个时候的新鲜——我早就不会对我们偶尔去品尝的各地美食抱怨了：怎么这么不好吃啊？这也太名不符实了！我们慕名而去然后品味美食，本身就是一种愉悦的体验。

我们去杭州还有一个平行的游学主题——"中国八大古都之旅"。林升的那首诗就包含有我们去过的两大古都：开封和杭州，分别是北宋和南宋的首都。开封被称为汴州，是因为有汴水流经，我们在评书中经常听到的"东京汴梁"就是开封，"汴"和"梁"都是开封的旧称，我们自己编的谜语"读信之前"的谜底就是"开封"。

八大古都分别是杭州、南京、西安、洛阳、北京、开封、安阳、郑州。其实，史学上的古都所包括的内容一直在扩展。最早只有西安、南京、洛阳、北京四大古都，20世纪20年代加上开封后成为"五大古都"。30年代又把杭州加上，形成中国"六大古都"，但是也没打出名头。直到20世纪80年代，《中国六大古都》一书对其进行了认可。而后，谭其骧提议将安阳列入，就有了"七大古都"的说法。2004年，中国古都学会认定加上郑州，从而有了现在的"八大古都"的说法。

在八大古都中，只有杭州和南京与湖关系密切。杭州因为有了西湖，吸引了无数人家——首先是天下的文化人，毕竟杭州作为南宋首都，在当时中国北方被外族政权统治的背景下，人才和财富都汇聚于此。所谓中华文化集于杭州，这一点是几个"非主流"的朝代以及明初建都的南京所不能比拟的。某种程度上，南宋一朝就给杭州留下了足以成为中华文化重要组成的丰厚遗产，西湖自然也成了中国传统审美的集大成者，环湖不仅有可见的文化遗址，也有浸泡在湖光山色中的爱情、忠义和市井生活。文化遗地中有敷文书院、崇文书院、紫阳书院、诂经精舍、净慈寺、灵隐寺、天竺寺、抱朴道院、玉皇山顶福星观等从属于儒、道、释行教之地；有司马光家人卦摩崖刻石、苏东坡大麦岭摩崖题记、杭州碑林、西泠印社，有忠义如关圣人的岳武穆、于谦；有文人世界之妙品的龙井茶；有中国唯一幸存的藏经楼——文澜阁。中国著名的爱情传说《白蛇传》就产生于杭州西湖，年年暑假播放的《新白娘子传奇》也为杭州做了宣传。

杭州为何会有个西湖呢？古代建城多选水源之下（东），故城西大多有河湖，光是名为"西湖"的地方就有 36 处，而杭州西湖最为有名！

南京的玄武湖，也给南京带来了不一样的风韵。欧阳修曾经说过："金陵莫美于后湖，钱塘莫美于西湖。"玄武湖得名于南朝宋时有"黑龙出没"的传说，故名玄武。不仅如此，玄武湖还很"实用"，最初练过武、饮过马，虽没有被颜真卿当作墨池，却被这位大书法家改为放生池；总是图变的王安石任职江宁的时候，想着"废湖还田"；朱元璋当皇帝后，把这里当成了档案馆——湖中小岛成了天然的保密室，防火防盗，多安全啊。直至 1908 年，这里才被开辟为公园。

按传统说法，玄武为方位特定名词，意指北方，是龟蛇合体之形，与青龙、白虎、朱雀代表四个方向，玄武湖也是北湖之意。李白的诗写过金陵后湖，诗云："地

拥金陵势，城回江水流。当时百万户，夹道起朱楼。亡国生春草，离宫没古丘。空馀后湖月，波上对江州。"

我在南京上大学的时候，每年都会去玄武湖公园游玩，一年四季都有的看，春季赏梅观樱，夏季荡舟湖上，秋季环湖跑步，冬季踏雪……玄武湖虽不比西湖那样几乎完全融入城市，但也成了市民和游客常常流连驻足的城市花园。

有湖的城市通常也会有山，南京最美的别名金陵就是因山得名——现在我们说的钟山在春秋时名为金陵山。

这一山一湖，正是南京城的精髓。

在"城市与湖"的游学主题下，还有一个城市非去不可，而且也值得多次前往，或者是小住十余天，那就是武汉和它的东湖。武汉有我一位亦徒亦友的书店店主，我委托她的儿子为我们准备了"东湖与武汉"的主题演讲。在我去武汉的多次"游学踩点"中，我还看中了名为"403国际文化中心"的所在地，可以当成这次活动的一个"会场"，当然那位朋友的"六一书店"也是极佳的选择。

还有哪个城市与湖有密切的关系？或者，我们把湖换成河，与家乡休戚相关的那条河，你了解吗？

下面是有河流经过的部分省会城市，你能把它们连线吗？

武汉	嘉陵江
沈阳	乌江
重庆	松花江
天津	汾河
南昌	黄河
福州	闽江
长沙	浑河
哈尔滨	汉水
兰州	赣江
西安	湘江
太原	海河

4 第四章 📍 龙在中国

在中国，龙是吉祥之物。中国人都以是龙的传人为荣。龙虽然不存在，但它是精神和文化的象征。自古龙就是灵兽之一（《礼记·礼运第九》："麟、凤、龟、龙，谓之四灵。"），而且有很大的能耐，《说文解字》载："龙，鳞虫之长，能幽能明，能细能巨，能短能长，春分而登天，秋分而潜渊。"龙到底长什么样子呢？宋人罗愿为《尔雅》所作的补充《尔雅翼》中，就有"释龙"："角似鹿、头似驼、眼似兔、项似蛇、腹似蜃、鳞似鱼、爪似鹰、掌似虎、耳似牛。"《本草纲目·翼》云："龙者鳞虫之长。王符言其形有九似：头似牛，角似鹿，眼似虾，耳似象，项似蛇，腹似蛇，鳞似鱼，爪似凤，掌似虎，是也。其背有八十一鳞，具九九阳数。其声如戛铜盘。口旁有须髯，颔下有明珠，喉下有逆鳞。头上有博山，又名尺木，龙无尺木不能升天。呵气成云，既能变水，又能变火。"

图画书《雨龙》中用儿童易于理解的故事介绍了龙的来历。

为何我们成了龙的传人了呢？

龙作为一种图腾和一般的图腾不同，不是单一的动物，而是多种动物的集合，感觉像是融合的结果。原始人分不清人与动物的界限，认为某种动物是自己的祖先和保护神，这便有了图腾。图腾作为氏族、部落的祖先和标志，一般是单一的某种动物，氏族部落发生兼并战争，胜利者在俘虏对方之后，往往同时消灭其图腾，新产生的部族拥有的还是单一的图腾。中国古人最早体悟到人性，舍弃弱肉强食的观念，在龙图腾的形成过程中突出地表现了这种人性。这就是：为了团结、亲近那些被吞并了的氏族、部落的人，在消灭了这个氏族、部落之后，并没有完全消灭他们精神崇拜和文化寄托的图腾，而是将失败者的图腾中的一部分加在了自己的图腾身上。所以龙的形象就是一种和合团结的象征，表现了中华民族远古祖先的一种极其宝贵的和合精神，是中华民族精神的一个源头。著名学者闻一多在 20 世纪 40 年代便探讨了龙的原型，据其考证，龙图腾的最初原型是蛇图腾，在消灭了牛图腾、鹿图腾的氏族之后，就把牛角或鹿角加在了蛇的头上，后来又加上了猪的头或马的头，加上了虎或鳄鱼的腿、鹰的爪子、鱼的鳞、花的尾巴，经过长期的发展，众多图腾的集合就形成了中华龙图腾的形象。《雨龙》的故事中也是一位阿宝小男孩帮助了鹿、鱼、蛇和鹰，而这几位给了孩子鹿角、鱼鳞、蛇皮和鹰爪，这几样和孩子的红宝石"合体"后变成了龙。

农牧业发展起来后，宗教信仰也得到了发展，从较为单一的图腾崇拜过渡到多神崇拜。龙图腾崇拜也发展为龙神崇拜。人们把龙神化，奉龙为水神、虹神。龙被神化后，又与帝王崇拜结合在一起。秦汉时期，中国大统一，要求有一个与之相适应的大神，以整合各地、各民族的信仰，龙崇拜便与帝王崇拜结合在一起。中国古代帝王把自己说成是龙神的化身或龙神之子，或把自己说成是受龙神保护的人，借助龙树立权威，获得人们普遍的信任和支持。这样，龙获得了更为显赫的地位，对中国龙文化的发展起到十分重要的作用。

因为以上种种，我们也就成了龙的传人。

中华大地也就有了很多被称为龙城的城市。

"但使龙城飞将在，不教胡马度阴山"的"龙城"指的是甘肃天水，这也是边塞诗歌中常见的地名。2017 年寒假，我们因"石窟之旅"来到了天水，真切地感受了塞外的风貌。

还有苏南常州、辽西等地都自称龙城。常州"挖掘"出来的理由是那里在明代时便有龙城书院，乾隆南巡常州时曾为天宁寺题"龙城象教"。

对于我们的亲子游学来说，常州建设的大型恐龙乐园倒是应景得很，为此称常州为"龙城"倒也不错。而且，常州恐龙乐园的游玩可以作为向孩子们介绍恐龙以及中国龙的铺垫。

常州恐龙乐园的酒店也值得一住：房间里不仅有与恐龙相关的内容，还有与童话相关的主题。大堂、餐厅、走道等公共区也到处"埋伏"着恐龙——要去洗个手，也是从恐龙的嘴里接水。大人会觉得太幼稚了，可是孩子们非常喜爱。进出公园是刷指纹的，这对孩子们来说也很新奇。酒店3楼还有冒险岛剧场，会有各式各样的活动，还会放映各种类型的恐龙电影。其中，恐龙课堂可以免费提供儿童托管课，有花艺、绘画、书法、DIY、艺术培养、知识科普、动画电影等；"恐龙来啦"互动秀则提供互动游戏，并有超有爱的恐龙陪伴，这样，爸爸妈妈再也不用担心到处乱跑的熊孩子了。

要是冬天去，推荐泡一泡恐龙谷温泉。据说恐龙谷温泉采自地表以下2009.70米深处、距今约2.5亿年前的三叠纪地层。三叠纪以一次灭绝事件为开始，因此其生物分化很厉害，第一批被子植物和第一种会飞的脊椎动物（翼龙）可能也是这时候出现的。

另一个值得注意的是东经120度塔，它也可作为一个额外的游学点。

■ 东经120度经线的时间是标准的北京时间，而这座东经120度观光塔正好坐落于东经120度经线上。观光塔高达120米，是整个迪诺水镇最高的建筑物。不像传统的观光塔需要乘坐升降电梯直达观光舱，在升降的过程中不能观看周边景观，这个观光塔融合了塔和摩天轮的双重概念：从底部进入观光舱，舱体会带着你一起缓缓旋转并同时上升，让你360度无死角地观看整个常州。

常州恐龙园的标志性建筑物是中华恐龙馆，恐龙馆内有博览、娱乐及科普空间，主要功能就是科普恐龙从生存、繁衍、演化直至毁灭的过程。中华恐龙馆是收藏展示中华系列恐龙化石最全的恐龙博物馆，巨大的恐龙化石重现了恐龙主宰的世界，让你和 4 亿 5 千万年前的世界主人亲密接触。这个地球演化厅的厅顶上是四周镶嵌有罗马数字的巨大表盘，顺着方向不停息地在运动，星光闪烁，散发着靛蓝的宇宙寒光。四个瞭望口为人们展示 2 亿多年前直至现在的陆地变化过程。其中墙壁上的一句话深深地打动了我：如果将宇宙大爆炸至今的时间浓缩成 24 小时，那么恐龙曾经统治世界十几分钟，人类统治的却不过是午夜前的短短几秒。

太原之所以被称为"龙城"，第一个说法是那里出了很多皇帝，要我说，即便出的皇帝数量再多，也不及唐代始于太原这个说法站得住脚。隋时李渊坐镇太原，为唐国公，故而称之为"龙兴之城"倒也合情合理。

根据辽西朝阳查到的资料，最早的柳城属战国燕国辽西郡，晋代燕王始筑龙城，改"柳城"为"龙城"。此外，"龙城"还是柳州的别称。

柳州，秦属桂林郡，唐贞观年间定名至今。城边有周水，某年"八龙见于江中"，周水遂改名为龙江，江边建龙城县即今柳州柳城县。有了这个前提，柳州便自称"龙城郡"，直到宋徽宗时被官方认可。

在朝阳，可以去鸟化石国家地质公园，包括上河首古生物化石园区、四合屯古生物化石园区、凌源大杖子园区、凤凰山园区及槐树洞风景区。我们主要是想看中生代古生物化石，特别是号称最早的鸟类和最早开花的植物——朝阳因此被誉为"第一只鸟飞起的地方，第一朵花绽放的地方"。我们之前觉得殷墟十分开阔，与鸟化石地质公园比显得小了不少，有化石发掘现场遗址和古生物化石博物馆，能看到我们最感兴趣的始祖鸟、孔子鸟以及其他众多的恐龙化石。不仅如此，这里的花、蜜蜂这样微小的化石也让人们惊讶——仿佛时空被定格，透过化石可以看到当时的世界。

这个世界也正是我们今天的世界。

朝阳还不是最北面的龙城，北至黑龙江也有龙城。黑龙江省是中国唯一一个名称中带有"龙"字的省份，1683 年清政府设立黑龙江将军辖地。1699 年，黑龙江将军驻地由墨尔根（今嫩江县）迁至齐齐哈尔，自此后 200 余年中，直到 1954 年黑龙江省省会迁至哈尔滨市，齐齐哈尔一直是黑龙江省省会，故齐齐哈尔有"龙江府""龙城"之说。

个人觉得，"最追逐名利"也是最晚形成的龙城是河南濮阳。据说，1987 年在濮阳出土距今 6400 年的蚌塑龙形图案在国内外考古界引起轰动，被称为"中华第一龙"，所以有了"龙城"的命名，准确地说，叫"中华龙都"。

中国号称有龙城 36 座，我们也自称是龙的传人。龙对于我们而言，是极其重要的文化认同和文化符号。上述知名的龙城我们去过 4 处，其余的我们只计划去柳州和天水，特别是后者对于孩子们诵读边塞诗歌太重要了。毕竟，龙城飞将的家乡就是天水。

在阅读中，我们也会注意安排一些与龙有关的读物。我们在阅读西方有关龙的绘本时，会跟孩子们强调西方的龙与我们的龙的区别。女儿一度最喜欢的绘本就是《武士与龙》，是一本"改良"了的武士与龙 PK 的故事，结局让我们惊讶不已，也趣味十足。在此基础上，我卖力地向她推荐了国产的《雨龙》，前面已经介绍过了内容，是用一个小孩子帮助家乡求雨的神奇故事，展示了龙的来历和龙的本领。此外，我们还会学唱张明敏、周杰伦的有关龙的歌曲。

在博物馆的游学中，我们也很注意欣赏与龙有关的文物，特别是有一批被称为国宝的一级文物。我们关注到的包括：

开元投龙铜简，即公元 738 年，53 岁的唐玄宗派遣内侍张奉国带道士孙智凉等人，专程从京师来到南岳朱陵洞投放的铜简。除了祈求自己长生不老外，玄宗还将至爱杨玉环的名号——道真，写在祈请人一栏。可见痴情的玄宗希望神明庇佑他们做一世的神仙眷侣。而当年这一"洞天投龙"的盛况，详细记载在《南岳志》上。

青花云龙纹高足碗，该器物侈口，深腹。高圈足上有三道凸弦纹，呈竹节状。口沿为青花唐草纹。内壁暗花印行龙两条。外壁用青花绘一游龙，并衬以火焰纹。

■ 新石器时代红山
文化玉龙（中国国
家博物馆）

■ 彩绘龙纹陶盘（中
国社会科学院考古研
究所）

■ 商子龙鼎（中国国
家博物馆）

■ 隋白釉龙柄双联瓶
（中国历史博物馆）

■ 开元投龙铜简（贵
州省博物馆）

■ 商龙纹觥觎（山西省博物院）

■ 元蓝釉白龙
纹梅瓶（扬州
博物馆）

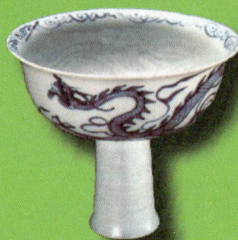

■ 青花云龙纹高足碗（吉
林省博物院）

■ 清代云龙人物纹转心象
牙球（辽宁省博物馆）

■ 唐青釉凤首
龙柄壶（故宫
博物院）

■ 金代铜坐龙（黑龙
江省博物馆）

■ 统领释教大元国师青玉印（西藏
博物馆）

青花色泽青翠浓艳，线条流畅有力，堪称元代青花瓷器中的珍品。

金代铜坐龙的身上凝聚了中华民族几千年龙文化的精华，专家们认为无论从考古还是从艺术的角度，这尊铜坐龙都有很高的文化研究价值。我倒是觉得此龙绝对是龙文化向北融合的重要证物。

清代云龙人物纹转心象牙球全高 52.2 厘米，上为一直径 12.9 厘米的大球，镂雕祥云缭绕，十余条健龙或藏头露尾、或藏尾露首穿行于云层之间；大球内分层透雕21 个小球，球球相套，层层能转，满地纹饰。三节台柱，上为六层透雕小象牙球，纹饰同顶上之大象牙球；下有四足座，座上雕人物顶柱状承盘，玲珑剔透、巧夺天工的雕刻工艺令人叹为观止。

这些纵贯中华 5000 年、遍布祖国大江南北的"龙国宝"都在诉说着同一个主题——我们都是龙的传人。除了这些被保护起来的文物外，我们还可以从更多的地方了解到中国龙。

5 第五章 📍 文化遗产

你们家所在的城市是我国的历史文化名城吗？

离你最近的一个历史文化名城是哪里？

之所以成为历史文化名城的原因是什么？

你还去过哪几个历史文化名城？

最有意思、最吸引你的地方是什么？

我国的确是地大物博、历史悠久，在全国各地，在历史长河中，沉淀了一个又一个深具历史和文化特征的名城，这些名城可不是自封的，而是由国务院发布的。到 2016 年，国务院共发布了 3 批（也零星补充了几次）共 129 座中国历史文化名城。

从上述资料来看，我觉得可以从各位的家乡出发，找到最近的文化名城，探索它，聊聊它，感受它！

女儿一位好友的父亲的祖籍是安徽桐城，虽然没有出现在国家级名城名单中，可桐城派名噪一时，六尺巷、黄梅戏也别具风味，好在桐城是安徽省第一批认定的四个历史文化名城之一。

再比如我们去过的隶属于国家级历史文化名城的景德镇的浮梁县，那也是一个很有文化底蕴的地方。

浮梁古县衙是全国仅存的几处古县衙之一。浮梁"瓷茶互利、农工商并举"的经济格局在各个时代都发挥着重要的作用，多次被钦点为五品县衙。县衙内存有一块乾隆三十三年的"奉旨碑"——"特调浮梁正堂加五级"。钦赐五品，为中国品级最高的县衙。

现存浮梁古县衙，建于清朝道光年间，是我国江南唯一保存完整的封建时代县级衙署，有"中国第一县衙""江南第一衙"的美称。在那里，既可以领略古代衙府的风貌，了解封建社会衙门的历史、政治、文化知识；也可以过一过古代五品知县瘾，置身其中，穿越岁月时空走廊，寓教于游玩之间。

除此之外，浮梁还是中国的英文单词"China"的源头地。在唐代，当时还没有景德镇，而是名为昌南镇。宋代真宗皇帝因欣赏浮梁县昌南镇所产的瓷器，将其年号赐给这里作为地名，易"昌南镇"为"景德镇"。由皇帝将其年号赐给一个地方作地名，这在历史上可是第一次，从此景德镇之名誉满天下。据说，中国的英文名 (China) 便是"昌南"的音译。

说到"China"，不得不说"中国"之称到底是怎么来的。

这也与一个历史文化名城有关，更确切地说，与一件国宝青铜器有关。

这件国宝就是何尊，是西周早期一个名叫何的西周宗室贵族所作的祭器。1963年出土于陕西省宝鸡市宝鸡县贾村镇（今宝鸡市陈仓区，即"明修栈道，暗度陈仓"中所指的陈仓），现收藏于中国宝鸡青铜器博物院。

尊内底铸有 12 行、122 字的铭文，记述的是成王继承武王遗志，营建东都成周之事。其中"宅兹中国"为"中国"一词最早的文字记载。

我要说这件国宝只值 30 元人民币，你一定不会相信！然而，这件国宝就是花 30 元从废品收购站买来的！那是在 1965 年，天啊，那个时候居然可以在废品站发现这样的国宝！

铭文全文为：

唯王初雍，宅于成周。复禀（逢）王礼福自（躬亲）天。在四月丙戌，王诰宗小子于京室，曰：'昔在尔考公氏，克逑文王，肆文王受兹命。唯武王既克大邑商，则廷告于天，曰：余其宅兹中国，自兹乂民。呜呼！尔有虽小子无识，视于公氏，有勋于天，彻命。敬享哉！'唯王恭德裕天，训我不敏。王咸诰。何赐贝卅朋，用作庚公宝尊彝。唯王五祀。

铭文大意是：

成王五年四月，周王开始在成周营建都城，对武王进行丰福之祭。周成王于丙戌日在京宫大室中对宗族小子何进行训诰，讲到何的先父公氏追随文王，文王受上天大命统治天下。武王灭商后则告祭于天，以此地作为天下的中心，统治民众。周成王赏赐何贝三十朋，何因此作尊，以作纪念。

青铜铭文，就是用青铜铸造出的宝贵历史，可以印证史籍或弥补史籍的不足。这是周成王的一篇重要的训诫勉励的文告，本身并不稀奇。重要的是，"中国"两字作为词组，首次出现于何尊铭文中，这可是所有中国人应该记住的一件事。"中国"在这里的含义，是指西周王朝所辖领土，即"天下"的中心——伊河、洛河流域的中原地区，是一个区域概念。

如果有人问"中国"一词最早见于何处，你带他去看何尊；如果有人问"中国邮政"的标识"中"字为何这样设计，你带他去看何尊，因为这一切都源自何尊。

1982 年我国发行的第一套文物特种纪念邮票中，何尊居其一，这使它更加闻名于海内外。2002 年 1 月，国家文物局印发《首批禁止出国（境）展览文物目录》，规定 64 件（组）一级文物禁止出国（境）展览，何尊就位列其中，足见其重要性。补充一句：前面介绍的那 12 个龙主题国宝文物也是一样的待遇！

何尊在宝鸡出土，藏于宝鸡青铜器博物院，但我们不是在宝鸡看的，我们是在洛阳看的，我们去的时候，主题为"膴膴周原——

宝鸡周原青铜器文物展"正好在洛阳博物馆展出。这种情况在我们的游学中多次出现，运气好的话，能碰到精彩的特展和巡展。

河南的国家级历史文化名城有 8 座，不算是最多的省份，与浙江打成了平手。我的两个家乡山东和江苏分别有 10 座和 11 座，这四个省份共 37 座历史文化名城，我们去过其中的 26 座。除了前面提到的非著名的 3 座历史文化名城——桐城、浮梁和宝鸡外，我再从这四省中各择一城说说它们成为我们游学目的地的理由：

青州——佛像！一级博物馆中唯一的县级博物馆！

淮安——周恩来故乡！

宁波——藏书楼！爱书的人必去！

曲阜——孔子故里！

说到宁波，要是觉得自己是个读书人，那得去宁波走一趟。

宁波天一阁，始建于明嘉靖四十年，由当时退隐的兵部右侍郎范钦主持修建，是中国现存年代最早的私家藏书楼，也是亚洲现有最古老的图书馆和世界最早的三大家族图书馆之一。清朝乾隆皇帝下旨测绘天一阁房屋、书橱款式，兴造著名的"南北七阁"，用来收藏《四库全书》，天一阁自此名闻中国。

曲阜，要是觉得自己是个读书人，还得去曲阜走一趟。

曲阜与儒家文化有着密不可分的联系，同时，它也是儒家文化的代言人——孔子出生、工作和埋身之处，给后世留下了恢宏的建筑群——三孔。所谓"三孔"指的是孔庙、孔府、孔林。

孔庙是历代祭拜孔子的场所；孔府是孔子嫡系子孙办公、居住的地方，孔府、孔庙离得很近，仅仅一墙之隔；孔林是孔子及其孔家后人的家族墓地，位于孔庙北面。我对孔林的印象很深，也很为其感动——孔子死后，四方弟子各自从故乡携来树苗栽种于孔子墓前陵后，延续至今。现已蔚然成林，古树 3 万株，碧波如海，四时不凋。

友情提示：各地捆绑票价中我只推荐"三孔"景区买联票，一来"三孔"为一体，理应观瞻完整，二来"三孔"用一天时间是可以轻松看完的。

"三孔"是国家首批 5A 景区，凭借儒家胜地和古代建筑群的完好性也成为世界文化遗产圣地。虽说国内现有 212 处 5A 景区，但是"三孔"2007 年被评定为第一批 5A 景区那会儿，全国的 5A 景区只有 66 处——那都是尖子生中的头牌啊。

再一个提示：一定要熟读《论语》。这样就可以参加背《论语》免费游三孔活动。虽说只是一句玩笑话，但这完全体现了"知识就是金钱"的理念，既可以利用这个由头激发孩子接近和学习论语的兴趣，又可以省下钱来买奖品给孩子鼓励，何乐而不为呢？

背诵厅位于孔庙售票厅旁边，10 分钟内背诵 30 条完整的《论语》里的句子，即可获得证书，一年内可免费参观"三孔"。报名方式分为两种：网上报名和现场报名，由于游客中参与的人并不多，所以有兴趣的朋友完全可以直接到现场报名参加。

朝阳关帝庙的豆绿色琉璃望天犼，据说是清嘉庆至道光年间特意从南方运来的，全国只有两对。犼，俗称为望天犼、朝天犼，传说是龙王的儿子，有守望习惯。首都故宫前华表顶端端坐的神兽就是犼，但是人家名字起得好听，叫"望君归"。据

■ 孔庙旁的论语背诵厅

■ 孔府中的望天犼

■ 朝阳关帝庙中的琉璃望天犼

说它们专门注视皇帝的外巡，如果皇帝久游不归，它们就呼唤皇帝速回，料理政事。城楼后的两只石犼，则面北而坐，叫"望君出"，它们的分工就不同了，是监视皇帝在宫中的行为，皇帝如果深居宫闱，不理朝政，它们便会催请皇帝出宫，明察下情。

没想到这里的犼还能与故宫扯上关系。除此之外，还有一样可以与故宫扯上关系的，即孔庙的大成殿，它与泰山岱庙天贶殿、北京故宫太和殿并称中国古代三大殿。孔庙的这个殿原名"文宣王殿"，宋崇宁三年徽宗赵佶取《孟子》"孔子之谓集大成"语义，下诏更名为"大成殿"。这三大殿，我们都已经去过。

在曲阜游学还有一个很大的收获，我们于那年开始了《论语》的诵读，还参加了杭州孔子书院的一个经典诵读夏令营，因此，孩子们对《论语》和孔子产生了较大的兴趣。

6
第六章

📍 **我的家乡**

我经常说我们是滕王的后代，那为什么不说是李渊的后代呢？

滕王阁怎么会在南昌呢？

我们怎么不去滕县呢？

滕县还有什么人吗？

家里放重要文件的抽屉里有一张发黄的纸，写着我们从山东滕县抄来的老家的地址，以及从族谱上抄来的 20 个辈字——我本来以为辈字是可以轮流使用的，后来翻看了族谱才知道，大姓都是一个辈分一个字，用完就"续上"。辈字说的是在家族成员中统一使用，以此表明辈分的名中的相同的那个"字"。把"辈字"按照一定顺序排列起来，就是辈分排序。我是打算把这个辈字传统延续下去，10 岁的儿子也同意这样。

我们这一支李姓自始祖思明公由琅琊郡迁往临城，至五世祖勋公徙居东仓修建家祠，七世祖腾公续修族谱，已在东仓繁衍生息近 500 年。

"天下李姓是一家，看字排辈论高低"，我属于"龙"字辈，当然也要多了解、喜欢龙了。胡老师是属龙的，这么看来，我们都是龙的传人。

我们这支据说是从陇右而来，跟刘皇叔一样，也是帝王家人——滕王算是我们这一支的老祖宗。虽然他后来远迁南昌，但是李姓却在滕县散叶开花，繁衍下来。滕县，只带着孩子们去过一趟，他们没有我"虽不能至，心向往之"的感受，其实就算是我，也只是把它当作精神的故土。

在我很小的时候，由于父亲工作的缘故，我们一家来到了江苏连云港。当时就住在现在成了东陇海铁路博物馆的连云港火车站，整个站房、站前广场都是我们的童年游乐场。

在改革的过程中，作为最早的 14 个沿海开放城市之一的连云港却让人失望，即便进入新世纪后，那里也还是以蜗牛爬行般的速度在发展。让我们印象最为深刻的是城市的道路状况。我们每年都自驾回连云港，进入城市后的一段道路坑坑洼洼。我们家汽车的唯一一次大修，就是经过这条路所致。更不可思议的是，之后的 4 年这条路一直没有维修！不仅如此，在我们每年最少两次自驾回连云港东城的路途中，大港路常常在修，但一直坑坑洼洼！被人们期待的海滨大道不断延后既定的通车时间，我们看过的核电站附近的跨海大桥竟然推迟 2 年半才建成。

吐槽归吐槽，说到底，我们始终是连云港人，所以依旧关心着连云港的点滴变化。连云港的变化我们都能感知到，慢慢地，有了 KFC！有了星巴克！有了跨海大桥！

这些变化，连同童年故事，我都会讲给孩子们听。"你真的要每天从这个洞里走啊？"我带着他们参观了我小时候上学必经的一个涵洞，他们很是惊讶。是的，这些现在看来险象环生的涵洞、水沟、疏港道路、铁路、铁轨，我们小时候几乎都走过。

现在我们一家四口把每年寒暑假去连云港当成了必定的行程。家乡也在慢慢地发生着变化，越来越有模样。我们在家乡的新家也安在了离港口不远的海滨，那儿也成了孩子们惦念的一个家。

当下社会发展的速度对传统的家庭观念、孝道确实冲击很大，以前的弄孙之乐现今很难享受到，年轻人越来越不依恋家乡——因为他们的经济和事业在家乡难以发展，外出打工成了常态，外出务工——基本上不用分成什么民工、北漂、白领、蓝领，

不管做什么，他先是与父母分离，然后又与自己的孩子分离，即使是像我们这样坚持自己育儿的家庭实际上也少有三代同堂的欢欣和快乐。我们平日里无法共同生活，只好另外找办法短期团聚。从这个角度说，要是一家人喜欢旅游，就会多一些团聚的机会。

家乡于我们而言，还代表着众多的亲人。特别是我的父母在居住北京 6 个年头之后，以叶落归根、家乡人多的理由回到了连云港。我们常说"妈妈在哪里，哪里就是家乡"，归家就是游子的必定路线。正是因为这个既定路线，也催生了我对于回家路线的盘算，设计了很多从北京到连云港的路线：高速、国道、省道、县道、村道，绕道、借道、顺道，由此见证了国道、京沪高速、津汕高速、长深高速、沈海高速、同三高速、荣乌高速等道路的发展，并尝试将河北、山东路途中的城市作为"服务区"，进行游学和休息。

说完了李家，我还得说一个历史名人，与胡老师的籍贯地双峰大有关系——曾国藩。

曾国藩让双峰有了历史的厚重，他的家乡叫荷叶镇，胡老师的故乡的确叫做荷叶村，属于甘棠镇——瞧瞧这些地名，多有诗意。光是这个甘棠就值得一说，《诗经·召南》就有一篇《甘棠》。诗云：

蔽芾甘棠，勿剪勿伐，召伯所茇。
蔽芾甘棠，勿剪勿败，召伯所憩。
蔽芾甘棠，勿剪勿拜，召伯所说。

这首诗不长，故事倒是挺有意思，说的是召伯勤政爱民的故事：周武王时期，大臣召伯奉武王之命巡行南方地区，广施仁政，大大减轻了老百姓的负担，但由于政策损害了其他大臣的利益，其他大臣便纷纷攻击与诬陷召伯。召伯为表忠心与清白，死在甘棠树下。召伯死后，民众怀念他，从此不再砍伐甘棠树。这首诗译成白话文就是：

梨棠枝繁叶又茂，不要修剪莫砍伐，召伯曾经住树下。
梨棠枝繁叶又茂，不要修剪莫损毁，召伯曾经歇树下。
梨棠枝繁叶又茂，不要修剪莫拔掉，召伯曾经停树下。

我们多次回胡老师家乡，为家乡"耕读传家"的精神所感动。回乡祭祖的时候，族中长老念出悠扬的祭文；远房侄子就读于曾国藩学校，出口成章；我们去走亲戚，可以看到不管楼房还是平房，甚至是最古老的土房，堂屋里都有"天地国亲师"牌位。总之，家乡处处可见曾国藩的痕迹，他赋予了双峰别样的意义。

除了曾国藩大道，双峰还有一条蔡和森大道。我们也会向孩子们介绍这些家乡先贤。家乡的环境优美，屋前是水塘，屋后是山林，一派恬静秀美的自然风光。我们也多次带着孩子们走走看看，让他们短暂地沉浸在故乡的山水中，产生自豪感和认同感。

总而言之，越是增进对家乡的认知，越是能将家乡风情、故土风貌映入心灵，从而建立对家乡的归属感。

第二篇 | 文史地不分家

1
第一章　📍 清朝探秘之旅

李一慢在给孩子读康熙皇帝平定噶尔丹叛乱那段历史时，会驱车带孩子到乌兰布统古战场去看一看；读到民国时期的军阀统治和抗日战争，他也带着孩子去了一趟沈阳的大帅府、九一八纪念馆等地，给孩子更直观、更立体的感受。身临其境，看看实物，听听导游的讲解，对历史便有了更深刻的认识。自然景观因此不再是冷冰冰的存在，反而像一位和蔼可亲的白发老者将过去的故事娓娓道来。

——《中国教育报》记者　张贵勇

2015 年的暑假，我们在辽东半岛游的路线上叠加了"清朝探秘"路线，也为儿子从四年级开始并持续了一年多的对清朝历史产生极大兴趣的"阅读"，画上了一个小小的句点。

清兵入关前在沈阳有皇宫（沈阳故宫），在关外有陵墓（关外三陵：福陵、昭陵、永陵），抚顺附近的新宾（现在是满族自治县）是其发祥之地，长春是末代皇帝溥仪的满洲皇帝梦断之处。对这些史实资料的掌握，可以帮助我们深入了解清朝发展和灭亡的完整过程。

在游学目的地，或者旅游景点中，或者国家的文物保护单位中，墓葬占了较大的比例。其中比较吸引人的有我们熟悉和喜爱的历史名人墓地和历代帝王陵墓。中国历代封建王朝提倡"厚葬以明孝"，每临皇帝死去，不惜用大量的财力、人力为其建造巨大的陵墓。这些陵墓是中国封建时代对灵魂信仰的集中体现，凝聚着一个时期的政治思想、道德观念和审美趣味；同时，这种动用国家力量建造的陵墓，也反映了当时的经济状况、科学技术水平和营造工艺水平，是中国丧葬艺术的最高表现形式和建筑典范。从最古远的商代妇好墓，到孔林、李白墓，直到清代最后一个皇帝溥仪墓，我们都有去过。

满族人建立的清朝是中国最后一个封建王朝。自 1616 年清太祖努尔哈赤登基至辛亥革命后宣统皇帝于 1912 年退位，共历经 12 帝，统治 296 年。清代帝王陵寝，从建陵年代和地理位置，可分为清初关外三陵、清东陵和清西陵三个陵区。

东陵和西陵的陵墓从规划建制到建筑造型均仿照明朝，其源头就是我们在南京探访过的明孝陵。清皇陵采用集中陵区的手法，安排总入口，以正红门为开端，经统一的神道石像生、碑亭及华表，然后分达各陵区。其布局顺序为：五孔石券桥、牌楼、碑亭、三孔券桥，大月台、宫门、隆恩殿及左右配殿，而后为石平桥、月台、琉璃门、五供、方城（上立明楼）、月牙城、宝城、宝顶。皇帝、皇后、亲王、公主、嫔妃的陵制级别相当严格，形成了一套程式化的规则。

中华民族十分重视对死者的安葬和祭祀，具有"敬祀祖先,慎终追远"的传统美德，不仅是为了缅怀和纪念，也借此祈求祖先对后世的庇护。封建统治者则将其作为关乎国祚盛衰、帝运长短的要工重典来对待。到了清代，更把这种理念推向了高峰，认为祖廷风水不能被侵犯，甚至引起了政治上的一些波澜，比如为保护龙脉实行封禁，这便出现了"闯关东"。陵寝的选址和规划设计，充分展示了中国传统的风水理论，着力体现"天人合一"的宇宙观，将人的精神融于大自然之中，造成一种崇高、伟大、永恒不朽的意象。在建筑规模和建筑质量上，则力求做到恢宏、壮观、精美，以体现皇权至上的思想，炫耀皇家的气派和威严，从而成为皇权物化的表征。作为清代皇家陵园之一的清东陵正是这一传统文化的不朽载体。

我是比较"欣赏"清东陵的，不仅仅是因为20世纪80年代的一部电影《东陵大盗》让我为之惊奇，也因为东陵附近的山水。东陵位于河北省遵化市西北部的昌瑞山下，在这里共建有15座陵寝（皇帝陵5座、皇后陵4座、妃园寝5座、公主园寝1座），埋葬帝、后、妃及皇子、公主等共161人。清东陵是中国现存规模最为宏大、体系最为完整、保存最为完好的帝王陵墓建筑群。

我们是在去唐山进行"煤炭探秘主题游学"的路上去的清东陵，因为有一群孩子同

往，就比平日里类似的游学热闹了许多。因为一些影视剧、文学作品的普及，孩子们对顺治、康熙、乾隆、咸丰、同治这些皇帝多少都了解一些，参访他们的陵墓，也没有想象中的"阴森"，特别是他们对参观乾隆帝的裕陵地宫和慈禧太后的定东陵地宫大有兴趣。

后来，我们还特意去了位于河北易县的清西陵，儿子是在阅读、收听有关书籍和节目后知道末代皇帝溥仪被埋在清西陵，一直念叨着要去看看。

清西陵有雍正、嘉庆、道光、光绪皇帝的泰陵、昌陵、慕陵、崇陵，以及9位皇后、妃嫔、王公等76人。崇陵是封建帝陵的最后一座，1909年才匆忙开工，1915年竣

工，彼时光绪帝已经死去多年。

末代皇帝溥仪在新时期已经转为普通公民，死后先葬于八宝山，后迁于清西陵内崇陵（光绪陵）附近的华龙皇家陵园。

儿女对于溥仪的兴趣源于听书——用 mp3 听了喻大华的《末代皇帝溥仪》，由此开始，我们从溥仪开始倒着听完了清朝 12 帝的故事。女儿对溥仪一直随身携带的藏有故宫珍宝的小皮箱极有兴趣，在长春伪满皇宫博物院终于看到了那个皮箱子（后来在抚顺战犯管理所也看到了复制品），不过还是很纳闷，怎么能藏那么多宝贝呢？

其实，我们参观后便可知道，那个箱子本来是电影放映机的外包装。当年溥仪从宫内一直带到抚顺战犯管理所，又带回北京。箱子内有夹层，藏了溥仪从故宫里带出来的一些小巧的珍宝，比如金表、玉石之类。

在我们的路线中，从沈阳去抚顺的半道上去了位于东郊天柱山（后来我们还爬过位于安徽桐城的天柱山，右图）的东陵公园内的福陵——清太祖努尔哈赤的陵墓。福陵林木森森，印象最深的是随处可见的"吊死鬼"毛毛虫，我们还特意观察了好几个。另外是陵前的 108 磴石阶过桥，寓指天罡 36 星和地煞 72 星数之和，表示天地宇宙，象征帝王对社稷的主宰。

离抚顺不远的永陵为清之祖陵。永陵位于现新宾满族自治县，当年努尔哈赤起兵反明

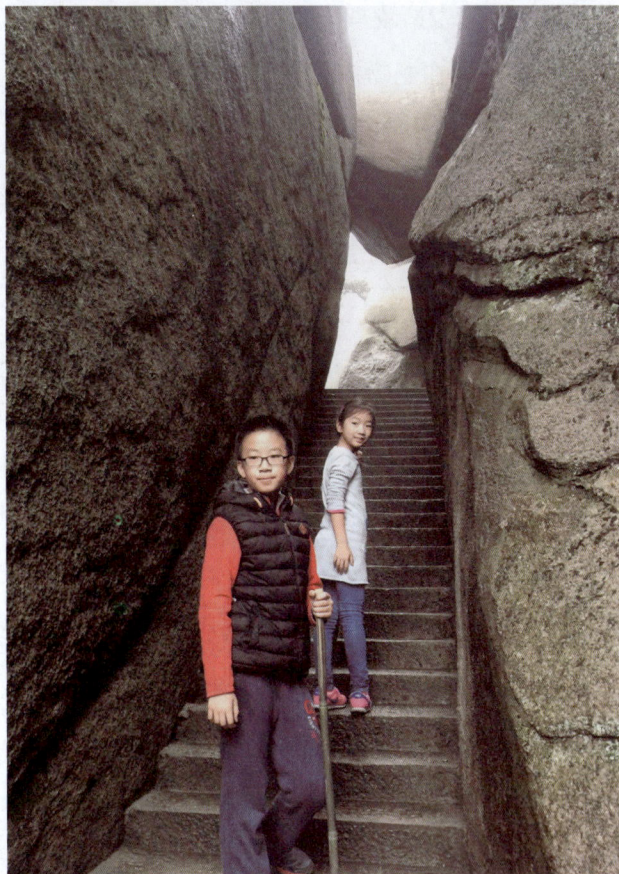

的赫图阿拉城就在永陵镇西南的老城村，满语"赫图阿拉"就是"横岗"的意思，被称为清朝龙兴之地。万历四十四年正月初一，辽东最寒冷的季节，努尔哈赤在赫图阿拉城称汗，国号金（史称后金），建元天命。从此，这个后金的汗国割据辽东，与明朝并存。两年后的正月，58 岁的努尔哈赤在城堡上宣读"七大恨"以祭天地，从此不承认与明朝的附属关系，并发出进军的号令："吾意已决，今岁必征大明国！"直至 1644 年，清军终以 5 万 5 千兵马冲入山海关。有趣的是，最后的清帝溥仪正是在赫图阿拉以东的抚顺战犯管理所完成了从皇帝到公民的转变。

永陵有两处很有意思，其一是君臣共陵。自古以来，帝王陵寝只能葬帝王一人及其后妃，绝无祖孙君臣共一陵的先例。唯有永陵宝城内是祖孙共城，君臣一陵。我想主要还是因为这里是努尔哈赤的世居和发家之地，所以将他之前的先辈同祭。

其二是清帝诸陵享殿大脊的两端均为鸱吻，唯永陵享殿大脊的两端是龙吻。尤为独特的是，在龙吻侧剑把上，分别透雕"日""月"二字。"日"字在左，"月"字在右，"日"字与"月"字合则为"明"字。将"明"字分开置于大脊两端则有破明（朝）之意。

清昭陵是清朝第二代开国君主太宗皇太极以及孝端文皇后博尔济吉特氏的陵墓，是清初"关外三陵"中规模最大、气势最宏伟的一座。因位于沈阳城北约十华里，因此也称"北陵"，现在成了市民公园。园内古松参天、草木葱茏、湖水荡漾、道路幽静，除了谒陵外，我们还租借了一辆四人自行车，在一片绿色中转来转去，看到了好多小松鼠……

关外三陵毕竟是清朝入关前修建的，无论如何实力有限，建筑结构以及风格基本相同，不是特别有兴趣的只去北陵即可。北陵依河而建，有湖，靠近沈阳城，交通便利；东陵、永陵都依山而建，苍天古木，松柏成群，适合纳凉。

这样，清朝 12 帝的陵墓都去瞻仰了一番，也算是对我们一年来听的清朝的历史和小说的一次完整的再认识。

　　当然，清朝是最后一个王朝，我们居住的北京也是清朝的国都，可以看到的历史遗存最多。

　　清朝只是中国历史中的一个朝代，而 5000 年文明之花盛开在中华大地。我们在游学的路途中只要多用点心，定能用脚步发现历史，用足迹了解历史。

2 第二章 🔴 三国游

　　每年，李一慢都会带着孩子出门远行，延续"行万里路，读万卷书"的中国智慧。无论去哪儿，书本一定是必备物品。"能够带孩子实地体验一下纸面上的、书本上的知识，能够亲眼看到，对以感性认识为主的儿童来说更加有吸引力。现在他的儿女正在看《三国演义》，所以他们一直在张罗着'三国'路线的旅游。这样，阅读和旅行就成了紧密相关的事情。"

——中央电视台"书香家庭李一慢"专题报道解说词

---------- **三国游学资源丰富** ----------

　　《三国演义》是四大名著中最容易拓展延伸的阅读素材，以此入手可以帮助孩子进入文学、历史的殿堂，对了解和熟悉传统文化、民风民俗、语言文学大有好处。而且《三国演义》歌颂了乱世中英雄的力量与勇气，还能带来"英雄崇拜"的体验，对于男生的成长也有益处。

《三国演义》作为文学作品是建立在历史和民间文学的基础之上的，历史上朝野分流：正史以曹魏为正——撰《三国志》的陈寿毕竟是晋人，而晋源自曹魏；野史及后世文学基本上是以汉刘为宗，蜀汉算是继承两汉。而且《三国演义》宣扬的"忠君爱国""一统天下"等思想是封建王朝长期以来宣扬的"正能量"，因此会广泛进行传播和褒扬。比如对关二爷地位的节节拔高，乃至最后被塑造成自古至今完美实践忠义的第一人。不用说是在遭受"霸凌"的宋、明时代，即便是由"外族"统治的清朝，对关羽也是大加褒扬。而关羽正是罗贯中按照自己的审美理想，以儒家传统道德观念为内核而创造的一个具有鲜明性格的典型人物。忠义正是儒家道德规范的核心，它具有强烈的民族感召力和凝聚力。忠义精神对上要求忠君报国，对下要求扶贫救危，除暴安良。作家将忠义精神倾注在关羽的精神品格中。时逢乱世，礼崩乐坏，而忠义则成为此时的精神旗帜和行为规范。

最后，关羽从忠义神勇的武将转变为武圣，到了万历年间被皇帝加封为"三界伏魔大帝""神威远镇天尊""关圣帝君"，于是全国各地更加掀起了修建关帝庙的浪潮，并且武庙多于文庙。作为一种道德观念与价值观念的"义"，在被后人尊奉、神化的关羽身上体现得淋漓尽致，并最终形成了崇尚忠义武勇的关公文化；顺带着连刘关张桃园三结义也成了重要的重塑社会关系的楷模和仪式，各地都有很多的三义庙；其他的与三国历史有关的胜地、遗迹也遍布全国各地。

中央电视台曾经采访过我的儿女，他们都谈到了三国游学的路线。这条路线我们计划游3次，但绝不仅仅局限于三国，而是以三国文化为核心资源的综合的游学，正好也对应了魏蜀吴三国：

第一次是"长江下游＋长江诗词之旅"路线，主题是"吴宫花草埋幽径"。我们的基本路线是镇州镇江—苏州—无锡—常州—合肥—芜湖—杭州，当然还有南京。

第二次是"长江中游＋长江诗词之旅"路线，主题是"樯橹灰飞烟灭"。具体的路线是安徽安庆—天柱山—黄州—赤壁—荆州—襄阳—南阳—许昌。这次以荆州和赤壁为两大核心节点，以魏国兴亡历史为面。

第三次是计划中的蜀国行，主题是"草堂深深埋忠骨"，也可以与"长江上游＋

长江诗词之旅"结合。自北京出发，路线为山西解州关帝庙—西安—宝鸡（陈仓）—汉中—广元—成都—眉山—乐山—重庆—万州—巫山—宜昌—随州—北京。

以上三条线与长江、古诗词、历史文化名城等内容紧密结合，并且各有吴、魏、蜀三国的英雄、战事等主题，涵盖了三国文化的主要内容。

就三国文化来说，我们四人对于其中的人物、历史、遗存等已经显露出各自不同的爱好。儿子喜欢曹操，女儿喜欢诸葛亮。这两位我都比较喜欢：喜欢曹操是因为读"三国"越多，越了解此人的雄才大略；而对诸葛亮的推崇却由来已久，是从小时候听到的故事、评书开始，并随着越来越多地阅读他的作品而对其更加仰慕。他的躬耕是道家风范，但他的志向是"淡泊以明志，宁静而致远"。他在等待明主，而非隐居山林，不问天下事。积极入世是历代知识分子的主流思想。《三国演义》从正面刻画了诸葛亮的足智多谋，在他身上，凝结着世世代代民众在生活和斗争中积累起来的经验和智慧，他是普罗大众的智慧偶像。有一句歇后语说"三个臭皮匠，顶个诸葛亮"，充满人生的智慧。

女儿到了二年级的时候，有一天忽然对我说："我终于知道您说的歇后语是什么意思了。"其实，在她没有搞懂以前，因为听过《三国演义》，早早地就会念叨"徐庶进曹营——一言不发""三个臭皮匠，顶个诸葛亮"等歇后语了，现在才真正理解其中的意思，真可谓后知后觉。不过这也给了我一个小启示，我立马找到了一些与三国有关的歇后语。其中，有女儿特别关心的、与诸葛亮有关的：

诸葛亮弹琴——计上心来
诸葛亮放孟获——欲擒故纵
诸葛亮征孟获——收收放放
诸葛亮战群儒——全凭一张嘴
诸葛亮吊孝——假仁假义
门角里藏着诸葛亮——暗中盘算
诸葛亮当军师——名副其实
诸葛亮借东风——将计就计

诸葛亮的鹅毛扇——神妙莫测

诸葛亮草船借箭——有借无还

诸葛亮治蜀——顺应民心

诸葛亮焚香操琴——故弄玄虚

诸葛亮用空城计——迫不得已

诸葛亮挥泪斩马谡——顾全大局

刘备三请诸葛亮——诚心诚意

诸葛亮三气周瑜——略施小技

诸葛亮的锦囊——用不完的计

儿子自然要了解关于曹操的歇后语了：

曹操诸葛亮——脾气不一样

曹操下江南——来得凶，败得惨

曹操做事——疑心重

曹操的人马——多多益善

曹操战宛城——大败而逃

曹操败走华容道——不出所料

曹操打徐州——报仇心切

曹操用计——又奸又滑

曹操用人——唯才是举

曹操割须——以己律人

曹操吃鸡肋——食之无味，弃之可惜

曹操遇蒋干——误大事

曹操遇关公——喜不自喜

曹操遇马超——割须弃袍

曹操张飞打哑谜——你猜你的，我猜我的

曹操杀吕布——悔之莫及

曹操杀华佗——讳疾忌医

曹操杀吕伯奢——将错就错

曹操杀人——乱来一气

曹操杀蔡瑁——操之过急

曹操八十万兵马过独木桥——没完没了

其他有趣的歇后语还包括"关公门前耍大刀——自不量力""张飞穿针——粗中有细""周瑜打黄盖——一个愿打，一个愿挨"……听起来就很有故事的样子。

对于学生而言，学成语比学歇后语重要多了。三国主题的成语故事也真的不少，大家耳熟能详的有："桃园结义""初出茅庐""舌战群儒""身在曹营心在汉""过五关斩六将""赔了夫人又折兵""锦囊妙计""赤膊上阵""草船借箭""万事俱备，只欠东风""单刀赴会""老牛舐犊""吴下阿蒙""顾曲周郎""说曹操曹操就到""望梅止渴""鞠躬尽瘁""士别三日，当刮目相待""乐不思蜀""分久必合，合久必分"……

在日常生活中，我们时常会说到有关的习语，这对于孩子的语言交际和表达能力很有帮助。

女儿在相声兴趣班中学习的传统段子《八扇屏》当中就有一段与三国内容有关的，即《莽撞人》，女儿学习起来又快又有激情。顺带着我和儿子也都能说出这一长段贯口了：

想当初，后汉三国，有一位莽撞人。自从桃园三结义以来，大哥姓刘名备字玄德，家住大树楼桑；二弟姓关名羽字云长，家住山西蒲州解梁县；三弟姓张名飞字翼德，家住涿州范阳郡；后续四弟，姓赵名云字子龙，家住真定府常山县，百战百胜，后称为常胜将军。

只皆因，长坂坡前，一场鏖战，那赵云，单枪匹马，闯入曹营，砍倒大纛两杆，夺槊三条，马落陷坑，堪堪废命。曹孟德在山头之上见一穿白小将，白盔白甲白旗号，坐骑白龙马，手使亮银枪，实乃一员勇将。心想："我若收服此将，何愁大事不成！"心中就有爱将之意。暗中有徐庶保护赵云，徐庶进得曹营，一语未发。今日一见赵将军马落陷坑、堪堪废命，口尊："丞相莫非有爱将之意？"曹操言道："正是。"徐庶言道："何不收留此将！"曹操闻听急忙传令："令出山摇动，三军听分明，我要活赵云，不要死子龙。倘有一兵一将伤损赵将军之性命！八十三万人马，五十一员战将，与他一人抵命。"众将闻听，不敢前进，只有后退。赵云，一仗怀揣幼主；二仗常胜将军之特勇，杀了个七进七出，这才闯出重围。

曹操一见，这样勇将，焉能放走？在后面紧紧追赶！追至在当阳桥前，张飞赶到，高叫："四弟不必惊慌，某家在此，料也无妨！"让过赵云的人马。曹操赶到，不见赵云，只见一黑脸大汉，立于桥上。曹操忙问夏侯惇："这黑脸大汉，他是何人？"夏侯惇言道："他乃张飞，一'莽撞人'。"曹操闻听，呀！大吃一惊："想当初关公在白马坡斩颜良之时，曾对某家言道：他有一结拜三弟，姓张名飞，字翼德，在百万军中，能取上将之首级，如探囊取物，反掌观纹一般。今日一见，果然英勇。撤去某家青罗伞盖，观一观（那）莽撞人的武艺如何？"

青罗伞盖撤下，只见张飞：豹头环眼、面如润铁、黑中透亮、亮中透黑、（压耳黑毫）海（颏）下扎里扎煞一部黑钢髯，犹如钢针、恰似铁线。头戴镔铁盔、二龙斗宝，朱缨飘洒，上嵌八宝——云、罗、伞、盖、花、罐、鱼、长。身披锁子大叶连环甲，内衬皂罗袍，足登虎头战靴，跨下马——万里烟云兽，手使丈八蛇矛，站在桥头之上，咬牙切齿，捶胸愤恨，大骂："曹操听真，呔！现有你家张三爷在此，尔或攻或战、或进或退、或争或斗；不攻不战、不进不退、不争不斗，尔乃匹夫之辈！"大喊一声，曹兵吓退；大喊二声，顺水横流；大喊三声，把当阳桥喝断。后人有诗赞之曰："长坂坡前救赵云，吓退曹操百万军，姓张名飞字翼德，万古留芳莽撞人！"莽撞人——张飞！你比得了吗？

这一大段罗列于此，是希望能给小读者一个"读本"，试试一口气能"说"到哪里。《八扇屏》中的其他几段，比如《忠厚人》《气死人》也都与三国有关。

《三国演义》一共描写了1191人，其中武将436人，文官451人，汉、三国、晋的皇族后裔、后、妃、宦官等128人，黄巾起义者、鲜卑、羌等边远民族67人，宦官和三教九流、各色人物109人。

诸葛亮的光辉照耀在成都、荆州、赤壁的天空，还有襄阳和南阳的两个卧龙岗上。跟女儿一样喜爱孔明的孩子估计不少。要是有明显的人物喜爱倾向，我们建议运用"爱屋及乌"的教育策略，多给孩子提供相关的资源、去相关的地方。

我们在南阳，各买了一把羽毛扇摇在手上，读着全家都喜爱的诗仙李白写诸葛亮的诗——《读诸葛武侯传书怀赠长安崔少府叔封昆季》：

> 汉道昔云季，群雄方战争。
>
> 霸图各未立，割据资豪英。
>
> 赤伏起颓运，卧龙得孔明。
>
> 当其南阳时，陇亩躬自耕。
>
> 鱼水三顾合，风云四海生。
>
> 武侯立岷蜀，壮志吞咸京。
>
> 何人先见许，但有崔州平。
>
> 余亦草间人，颇怀拯物情。
>
> 晚途值子玉，华发同衰荣。
>
> 托意在经济，结交为弟兄。
>
> 毋令管与鲍，千载独知名。

我们在赤壁，遥想当年诸葛亮舌战群儒、草船借箭、借东风的连环妙计，各自说着自己知道的故事。

　　我们在金陵石头城，提到诸葛亮认为此地"虎踞龙盘"，适宜做国都，就力荐孙权建都于此的故事。

吴宫花草埋幽径

　　在三国游学路线的孙吴行中，我们先去的是镇江。镇江古称京口，《三国演义》里谓之"南徐"。只因一座北固山、一座甘露寺而名闻天下。因为有孙刘联姻的故事，千百年来，无数文人墨客，登临北固，即景抒情，壮怀激烈，留下无数气吞山河的壮丽诗篇。

　　在这里，那"千古江山，英雄无觅，孙仲谋处"的慨叹，那"舞榭歌台，风流总被，雨打风吹去"的伤感，那"可堪回首，佛狸祠下，一片神鸦社鼓"的无奈，无不令人唏嘘叹惋。

　　在这里，一块石头就将历史推到千里之外的荆州了：

　　玄德更衣出殿前，见庭下有一石块。玄德拔从者所佩之剑，仰天祝曰："若刘备能勾回荆州，成王霸之业，一剑挥石为两段。如死于此地，剑剁石不开。"言讫，手起剑落，火光迸溅，砍石为两段。孙权在后面看见，问曰："玄德公如何恨此石？"玄德曰："备年近五旬，不能为国家剿除贼党，心常自恨。今蒙国太招为女婿，此平生之际遇也。恰才问天买卦，如破曹兴汉，砍断此石。今果然如此。"权暗思："刘备莫非用此言瞒我？"亦掣剑谓玄德曰："吾亦问天买卦。若破得曹贼，亦断此石。"却暗暗祝告曰："若再取得荆州，兴旺东吴，砍石为两半！"手起剑落，巨石亦开。至今有十字纹"恨石"尚存。后人观此胜迹，作诗赞曰："宝剑落时山石断，金环响处火光生，两朝旺气皆天数。从此乾坤鼎足成。"

这是《三国演义》第五十四回所提到的内容。北固山的试剑石,不仅试出了孙刘的性格,也试出了荆州的坎坷。

让我们再从荆州转回北固山。

在山道上没走几步,可见太史慈墓。这位勇将是我小时候看三国连环画时最喜欢的武将。相隔不远处,还有三国里的老好人鲁肃之墓。太史慈和鲁肃的墓虽不奢华,但一想到他们的主公孙权的墓如今竟连踪迹也难寻,便觉得他们其实已经很幸运了。

真正幸运的还是山下滚滚东流的长江水。

"青山遮不住,毕竟东流去。"

看着长江水,有谁会不思念那古往今来的英雄呢,尽管他们早已随着长江水远去了。"唯有长江水,无语东流",这样的感慨在偏安江南的山水里,也有一种霸气,江南不缺骨气,但缺少这样的阳刚之气。

孙氏的霸气始自孙策——他的绰号叫"小霸王",而吴国的霸气却是始自南京。孙权于公元211年将政治中心从京口迁到秣陵,由此揭开了南京建都史的第一页。南京的建造源自石头城,也是孙权大帝的手笔,最初的孙吴宫殿也修筑于此。经过岁月的销蚀,至唐初废弃,坚固的石头城也已成为一座"空城"。

相传三国时,诸葛亮在赤壁之战前夕出使东吴,与孙权共商破曹大计。据说,诸葛亮途经秣陵县时,特地骑马到石头山观察山川形势。他看到以钟山为首的群山,像苍龙一般蜿蜒蟠伏于东南;而以石头山为终点的西部诸山,又像猛虎似的雄踞在大江之滨,于是发出了"钟山龙蟠,石头虎踞,真乃帝王之宅也!"的赞叹,并向孙权建议迁都秣陵。孙权在称帝后，迁移到秣陵，并改称为"建业"。第二年就在清凉山原有城基上修建了石头城。

252年，孙权死后葬于钟山南麓的高岗上，葬处得名"孙陵岗"，后人又称"吴王坟"，20世纪40年代，孙陵岗改叫梅花山——现在成了全国有名的赏梅之处。除了孙权，朱元璋与孙中山亦葬于钟山。他们的墓分别叫明孝陵与中山陵。可是吴主孙权的墓室却遍寻不得，唯有梅花香。

"年少万兜鍪，坐断东南战未休。天下英雄谁敌手？曹刘！生子当如孙仲谋！"

当时长江就从清凉山下流过，因而石头城的军事地位十分突出，孙吴也一直将此处作为最主要的水军基地。此后数百年间，这里成为战守的军事重镇。南北战争，往往以能否夺取石头城来决定胜负。石头城以清凉山西坡天然峭壁为城基，环山而造，周长"七里一百步"，相当于现在的六里左右。城内设置有石头库、石头仓，用以储军粮和兵械。在城墙的高处筑有报警的烽火台，可以随时发出预报敌军侵犯的信号。古代长江绕清凉山麓东去，巨浪时时拍击山壁，将山崖冲刷成峭壁，也正是现在的模样。

唐代以后江水日渐西移，在漫长的时光中，经过被修整得愈发清幽的清凉山、石头城，忽而带着寒心的叹息默默逝去；忽而带着年轻学子的青春欢歌奔涌而来。今时的石头城下，当年的长江水只余下几处不大的水洼，映着今日的石头城，遮盖了旧日繁华。

"只今惟有西江月，曾照吴王宫里人。"
"寥落古行宫，宫花寂寞红。"

因为孙吴，南京的"帝王之宅"气象开始张扬，也许连孙权自己都没有想到，他亲手营建的"建业"，仅仅过了数十年就变得如此荒芜了，自己的

身后地，也成了梅花山。

在"城市与湖"游学路线中提到的玄武湖，也与三国中的孙吴关系密切。

玄武湖古称桑泊，原来只是一块因断层作用而形成的沼泽湿地，湖水来自钟山北麓。孙权引水入宫苑后湖，玄武湖才初具湖泊的形态，并成为东吴训练水兵的地方。

被文青们熟知的"乌衣巷"却是与军人大有关系。

乌衣巷在南京秦淮河南岸，三国时是守卫石头城的吴国部队的营房所在地。当时军士都穿着黑色制服，故以"乌衣"为巷名。

后来没了军人，文人就来了。李白、崔颢、刘禹锡、杜牧、李商隐、韦庄、王安石、周邦彦、朱敦儒……

他们都是来怀古的。

而且不仅仅是来乌衣巷怀古的。

一不小心，金陵怀古就不单单是一个简单的文人话题，而成了中国读书人一个专门的课题，成了一种特有的课程体系。这下，文学史、文化史都给它留了一个位置。

李白来到金陵，他说："吴宫花草埋幽径，晋代衣冠成古丘。"

我们也来到金陵，儿子说，吴国好像没什么个性。啊，在他心中吴国居然也成了一个人，一个没有个性的人！既如此，他又从哪里能悟得离愁之悲？

真是少年不知愁滋味啊！

---------- **大江东去浪淘尽** ----------

离了金陵，逆流而上必过安徽。周瑜、曹操都是安徽人，只不过周瑜的家乡在长江流域的庐江舒城，而曹操的家乡在淮河流域的沛国谯县。安徽的长江流域，有皖山，有皖河，有皖国，所以这一片地区称为皖江。

我们的第一次三国游止于柴桑。

那里也是我们第一次三国游的重点。

熟悉三国历史的人，一定对柴桑这个地名不会陌生。柴桑曾是东吴的权力中枢，战时的指挥所。柴桑究竟在今天的哪个位置，有两种说法，一是九江的浔阳区；另一说是星子县，2016 年 5 月底刚改名为庐山市。这两个地方都留下了周瑜的足迹。

三国时期，吴国的代表便是周瑜。

可惜的是，人们对周郎有着不同的认识。

唐宋以来，世人对周瑜的评价都是很高的。到了南宋，由于南宋本身就是偏安半壁，与蜀汉非常相像，于是刘备的地位是越来越高。作为刘备的对头，曹操首先被贴上了白脸；而作为曾经想软禁刘备的周瑜，自然也免不了被打压。也就是从这时开始，周瑜的形象有了很大的变化，直至最终《三国演义》成书。

好在有一件事、有一个地方让孙吴的周都督，让身为安徽人的周公瑾名留青史。

赤壁。

不夸张地说，在三国遗存中，赤壁算是最为响当当的一个，赤壁也理应被称为三国游学必去之地。赤壁因三国时那场著名的战役而名垂千秋，但关于其真实位置却历来有争议。后来，略占上风的湖北蒲圻干脆改名为赤壁市，算是了结了文化上的"赤壁大战"。但另外一个黄州赤壁却因有苏东坡的"大江东去浪淘尽"而著称，两者一称"文赤壁"，一称"武赤壁"。这次游学，我们决定两个地方都去参观。相比之下，我更喜欢文赤壁，一开始只是因为喜爱苏东坡，后来去了武赤壁，两相比较后更坚定了这份喜欢。

文赤壁本为黄州赤壁山麓的赤鼻矶，而今的赤鼻矶早已不和长江相连，只在石壁之下保留了一个不大的湖泊，以及以此为基础建的一个小公园。

赤鼻矶倒确实是赤色的岩石，我们还拣拾了两小粒赤色的石子。拾级而上，第一道小门处一副对联有点意思——"客到黄州或从夏口西来武昌东去 / 天生赤壁不过周郎一炬苏子两游"，言简意赅地道出了其实名胜真的就是名人造就的。

■ 走上去，有二赋堂、东坡祠、栖霞楼、酹江亭等七八个亭台楼阁，一个挨着一个建在山坡上，显得比较拥挤，像江南园林一般。不过其中的题匾字帖碑刻倒真是大观，再加上公园内两个碑廊里那些碑刻，自苏轼以来到现代的文化名人不在少数，可见这文赤壁被多少人喜爱膜拜。

我们发现了僻静处有一座六层的石垒小塔，叫"石字葬"。古时文风盛行的地方，字纸是不能随便处理的，有专人收集，每天日落时放入石字葬内焚烧掉，以表敬惜。到了现在，会写毛笔字的人都不多，更不用谈敬惜字纸，这种可与黛玉葬花媲美的书生葬字也如同江水一般，悠然不见踪迹。

在留仙阁的门口，有一块石碑，是苏轼手书的《乳母任氏墓志铭》。苏轼为亡妻王弗所写的墓志铭，情深意切，很动人，想不到他也为乳母写过，可见他和乳母感情之深。这位任氏采莲，侍奉苏轼一门三代，"工巧勤俭，至老不衰"，见证了苏轼的升迁贬谪，最后72岁卒于黄州。她也是一个著名笑话的原型，《笑林广记》中说有一家人很穷，没钱买菜吃，于是每顿饭就吊一条咸鱼在饭桌上，让孩子们看一眼咸鱼吃一口饭。哥哥多看了一眼，弟弟就告发，父亲说："让他看去，咸死他。"这位父亲的原型就是任采莲，哥哥和弟弟就是苏轼之子苏迨和苏过。当时苏轼被贬黄州，穷到揭不开锅的地步，这便成为她陪着苏轼笑对贫穷、苦中作乐的方式。苏轼在铭文中写道："生有以养之，不必其子也。死有以葬之，不必其里也。我祭其从与享之，其魂气无不之也。"

睡仙亭位于石壁边上，传说当年苏轼游赤壁时醉卧于此，可惜此时立此远眺，再也看不到浩荡长江，除了脚下的这片小池塘，远处就是高楼，而在这片小池塘里，也谈不上泛舟了，如果说"清风徐来，水波不兴"还可以勉强体会到的话，那"山高月小，水落石出"就真的只能靠想象了。

回到半山腰的停车场，我们问旁边的山路通向何处，得到的答案让我们很惊喜，往山顶走就能到当年苏轼自行搭建的躬耕之所，因为此处位于黄州东坡，建成那天又适逢下雪，所以就把它取名为"东坡雪堂"，而苏轼也正是在此为自己取了那个流传后世的号"东坡居士"。

赤壁现在已成为影视剧拍摄基地，除了江月依旧，摩崖石刻依旧，其他都是人造景观。

在从文赤壁驰往武赤壁的路上，我们玩起了快速背诵苏轼的《念奴娇·赤壁怀古》的游戏。刚刚"故国神游"了一番，我们的兴趣和关注点还在，胡老师和我又趁势讲了一遍。我讲的时候会"瞎说"，增多点故事性，加深孩子们对背景人物的了解。车过咸宁，孩子们基本上都可以背诵了——你还别说，我当年背诵的底子在，再加上后来的综合阅读能力，以及一直以来保有的文史地兴趣，这次终于把其中一直记不住的几句给彻底背下来了，并且估计以后再也不会忘记了。

到了赤壁，天下起了大雨，仿佛是想要配合人们感怀历史的情绪。

因为有雨，走进大门后的参观路线就没了章法。较为顺路的走法可以先游金鸾山。鸾者，凤也，此山为纪念庞凤雏而建。其实，正史中的赤壁之战与庞统没有什么关系。凤雏庵、庞统井、读书亭等景点都在山上。

我们却不知怎么的，一下子就到了南屏山——诸葛亮祭风的地方。随后来到了赤壁山，山顶是巨大的周瑜塑像，看到此像儿女都脱口而出："果真是雄姿英发。"

周瑜身后就是古战场的"镇场之宝"——摩崖石刻了。传说是周瑜所刻，实为唐人作品，到今天也有一千三四百年了。石刻的对面，就是当年曹公驻军的乌林镇。站于此处，看着滚滚东去的长江水，想着建安十三年的那场惊世之战，惊涛拍岸，已付笑谈之中了。

雨慢慢大了些，我们还是下到江边，近距离地瞅了瞅这两个红色大字。此时雨仍未停，雾锁横江，还有微微浊浪，传说周瑜在大战胜利后用利剑书写于石壁之上的"赤壁"二字映入眼底，颜色鲜红，火烧一般，比文赤壁那里更有气势一些。不过江面涨水，离字仅有1米左右，真担心再多来几个高浪，这抹鲜红就要被冲刷掉了。在二字的上面还有一个"鸾"字，据说是吕洞宾刻上去的，因赤壁一战，曹军死伤无数，江中冤魂太多，故书此字镇妖。江边栏杆上的石狮已经被腐蚀得不成样子，不知它已经在此守护了多少年，这份忠诚可否赢得周郎一顾？

雨下大了，是那种有太阳光的阵雨，我们在周公瑾像旁的廊中躲了一会，看阳光和雨丝笼罩着周郎。

在躲雨的时候，我和儿女说起这战场的真假来。

这里的长江是从西南流向东北。吴国的领地在东南，也就是在周瑜雕像的脚下大地，魏国的领地在西北，曹操的战船连在一起还未开动，也谈不上到"江东"来。而赤壁大战的"火烧战船"指的是曹操的战船在燃烧,但事实上,人为的火源是黄盖从江东带过去的,哪里能烧到江东赤壁来?相反,如果是曹操进攻,而且用火攻,周瑜在此防守,这里才可以算得上是"火烧赤壁"。可这样一来,与诸葛亮借东风的情节又对不上了。

此外,从我们先看到的黄州赤壁来看,"赤壁"这个地名并不像某些说书家把"赤"字和"火烧"两字联想在一起。"赤壁"之所以"赤"是由于湖北等南方省份土质含铁多而偏红——在江边,这些红石头裸露出来,看上去就是一面红色的墙壁。

《三国志》记载:"权遂遣瑜及程普等与备并立逆曹公,遇于赤壁……初一交战,公军败退,引次江北,瑜等在南岸……是岁,又与周瑜、程普等西破曹公于乌林,围曹仁于南郡。"这样的话,江北的乌林镇才是战场。我们在赤壁山上看到了过江轮渡,胡老师还专门去问了,现在从这个渡口依然可以乘轮渡到北岸的乌林。

说完了古,我们再逛逛现代景点。武赤壁有一个很假的赤壁塔,我和孩子们登上去看了看就下来了。墙壁上是一些水平欠缺、不那么好看的三国主题诗画。其中还有杜牧的那首《赤壁》——我在文赤壁的酹江亭休息的时候介绍过,正是因为杜牧人在黄州的时候写过那首《赤壁》,才引得黄州人"敢于想象"自己这里是赤壁,并影响到了后世的苏轼。这次在武赤壁"遇见",就又读了一遍。回到车上,在旅行途中,我们又很快把这首诗拿下了:"折戟沉沙铁未销,自将磨洗认前朝。东风不与周郎便,铜雀春深锁二乔。"顺便地,讲了讲这首诗里的"故事"——孔明借东风、大乔和小乔、铜雀宫……还说到了诗里对历史的"议论"和"想象"——假如借不到东风,二乔就要被抓到曹魏的铜雀宫了。并再次聊到文武赤壁的"真假问题",借用清人朱日浚的诗"赤壁何须问出处?东坡本是借山川。古来胜迹原无限,不遇人才亦杳然"作为结论——何需纠结赤壁的真实出处,苏东坡本就是借题抒怀而已,要是没有周郎、孔明这样的人才的烘托,名山大川也只能默默无闻。

楼梯画壁上还有一首是李白的《赤壁歌送别》：

二龙争战决雌雄，赤壁楼船扫地空。

烈火张天照云海，周瑜于此破曹公。

君去沧江望澄碧，鲸鲵唐突留馀迹。

——书来报故人，我欲因之壮心魄。

我们在赤壁古战场休息的时候，和孩子一起回顾了赤壁大战之前的各种准备——基于《三国演义》而非史实。那真是步步为营、巧记连环——女儿说要从舌战群儒开始，我说从群英会开始……

前文提到过，整个武赤壁就像是个影视城，吴宇森的《赤壁》就是在这里拍的，所以会有众多"现代化"的演武场、驿站、集市、兵营、战船、财神殿等人造景观，把赤壁石刻、凤雏庵、拜风台等几个真正的古迹"淹没"了。

赤壁之战后，曹操就要败走"华容道"了，我们也趁夜色离开，沿江边"野路"，经过黄盖湖，还有一个叫"小黄"的地方。天黑乎乎的，间或下雨，一直有雾，汽车大灯也照不见多远的路，我们一路上穿村走镇"逃离"赤壁，等到出了小路，到了岳阳云溪附近，大家悬着的心才放下来。仔细看看地图，原来我们一直在湖边沼泽里绕路而行。

那种紧张的气氛，估计与当年曹操败走华容道时的也差不了多少。

上了高速就好走多了，没多久就到了荆州。荆州是三国中最重要的地点之一，很多军政民大事都发生在这里。被后人称为"武圣"的关羽也与荆州关系密切。

·········· **欲闻三国事，每欲到荆州** ··········

荆州，一个令每一个熟读三国的人都激动不已的地方。

在这里，乱世英豪竞相登场，演绎了"借荆州""回荆州""失荆州"等脍炙人口的典故。荆州，大概也是最能激发罗贯中灵感的地方——不知是罗贯中对荆州偏爱有加，还是历史本来就是如此，有人说一百二十回的《三国演义》有七十二回直接或间接提到荆州。偏偏还有人不相信，认认真真地数了一遍："咦，怎么只有51处写到荆州？"那也不少了，荆州确实是三国最重要的城池：曹操夺取了荆州，却在赤壁兵败；刘备占领了荆州，入川成就帝业；孙权攻占了荆州，吴蜀最终反目。

"欲闻三国事，每欲到荆州。"倘若真能回到三国时期，荆州城便是那个穿越历史的入口。三国游学，能不来荆州吗？而且游一次两次都不够，它能在三国时候这么重要，也正是因为它承载了丰富的历史文化内涵。

荆州建城历史长达 2600 多年，是楚文化的发祥地和三国文化的中心。禹贡九州有荆州,汉十三州有荆州。而且，自公元前 689 年，楚文王建都于郢（现有纪南城遗址）起，荆州作为都城长达411 年，创造了堪与古希腊雅典文化相媲美的楚文化——这一点可以从荆州博物馆丰富的馆藏文物中看到。因此这里展出的文物，覆盖了楚文化的方方面面。都说"荆楚荆楚"，来湖北没到过荆州真是个遗憾。

"历史上的荆州就是江陵，江陵就是荆州"这个认识是错误的。历史上，"荆州"有汉荆州、有魏荆州、有吴荆州。在三国前期，东汉设置的荆州，就是"汉荆州"。"三国演义"中的刘表，就是东汉末年的荆州刺史。东汉的荆州包括南阳郡、南郡、武陵郡、长沙郡、江夏郡，治所在襄阳。《三国演义》中前四十回提到的荆州，通常都是指襄阳为中心的"荆州"，有的就是指"襄阳"。如第三十六回写道："亮从其叔玄。玄与荆州刘景升有旧，因往依之，遂家于襄阳。"荆州刘景升就是荆州刺史刘表。诸葛亮的叔叔诸葛玄因为与刘表有交情,所以随刘表迁居到襄阳。因此,《三国演义》中前四十回提到的"荆州"是今天的襄阳，而非今天的荆州。

赤壁大战后，汉荆州被一分为二，北魏设荆州，治所在南阳，东吴设荆州，治所在江陵。魏荆州与吴荆州形成南北对峙的局面。荆州的地理方位、经济地位，对三国都有重要的价值，得之可北接中原，东面顺江而下直抵孙吴石头城，西南可制巴蜀。

看荆州必须看古城墙，有了城墙才算是有荆州城。

荆州城被完整地包裹在了古城墙里面，城墙开了九座城门（六座老城门、三座新城门），两座门楼。古城分为三层，外面是水城（护城河），中间是砖城，里面是土城。从三国时代起，荆州古城墙没有发生过大的变迁，移位距离仅在50米左右范围内。所以，站在城墙上，风景是其次，让你觉得品味不尽的是那厚重的历史。

面对荆州城墙，能想到哪些人物呢？是周公瑾，还是曹子孝，是吕子明，还是关云长？事实上，在荆州最为人称颂的还是关云长。

我们在墙根转悠的时候，猛抬眼就看到一尊高大的关羽像，不知道是不是中国最大的？至少我们看过的七八个关羽像中还没有这么大的。中国有"三大关帝庙"和"四大关庙"两种说法，多出的一个就是这个荆州关帝庙。

我们从关公像背面的说明可以知道这里是"三陵合一"，山西解州关帝庙、洛阳关林、当阳关陵（这就是"三大关庙"）都送了一些泥土到这里。关帝庙内可以看到刘关张三人的"合影"。哥仁都是喜笑颜开的样子，没有结义时的严肃，或许在荆州的日子是他们为兄弟情谊和家国成就最感荣耀的时光。

历代咏怀荆州的文人很多，我比较

喜欢苏轼的那一系列《荆州》，其中这首尤甚：

游人出三峡，楚地尽平川。

北客随南贾，吴樯间蜀船。

江侵平野断，风卷白沙旋。

欲问兴亡意，重城自古坚。

闻听三国事，每欲到许昌

郭沫若有一句名言："闻听三国事，每欲到许昌。"要我说，"闻听曹魏事，一定要到许昌"。

许昌作为三国时期曹魏政权的政治、经济、文化中心，这里现存三国遗迹、遗址80多处。河南省被列入三国名胜古迹的景点20个，许昌占14个。三国文化，成为许昌最具代表性的历史文化；"三国名城""曹魏故都"，成为许昌最独特的文化品牌。

来到了许昌，我们一家却有不一样的心情和感受。我在感情上似乎仍然以蜀汉为正统，而孩子们都已经知道，历史的传续却是曹魏。许昌正是曹魏的都城，也是三国归晋之都城，岂不处处有故事？这些故事中，灞陵桥头发生的故事最为重要。《三国演义》中，关羽不辞而别，曹操带人追至灞陵桥畔，赠袍送金，为其饯行。对关羽来说，灞陵桥是个起点，由此开始，他千里走单骑，过五关斩六将，水淹七军，一步步走向人生的辉煌，也走向身后的神坛。对曹操来说，与关羽再见之时，靠着这份情谊，在华容道上保住了曹魏的星星之火，才有三国鼎立局面的形成。而这一切在灞陵桥就埋下了伏笔，一座桥、两个人，就这样改变了历史。

灞陵桥公园的门上写着"关公辞曹处"。浮雕之后是"青梅煮酒论英雄"的塑像。我们发现，曹公的形象完全就是照着电视剧《三国演义》中饰演曹操的鲍国安的长相做出来的。

公园里还有一处曹冲称象的景观。这似乎与《三国演义》关系不大，但是这个励志故事几乎每个小朋友都知道。

走过灞陵桥，就来到了许昌关帝庙前。有意思的是，这一座关帝庙内曹操和关羽共享香火，形成了"天下关庙都贬曹，许昌关庙独奉曹"的独特现象。有人用16个字来概括关羽的一生："头枕洛阳、身困当阳、魂归故乡、德在许昌。"要我说，这个"德"正是关公夜读《春秋》的升华。

后人善于挖掘资源，就有了这一栋高大威猛的春秋楼。好在这也是关帝庙的所在。

毕竟是曹魏的许都，于是也就有了规制庞大的曹丞相府。如果你的孩子是曹操的粉丝，那么许昌值得一来。

第三次的三国路线游学则是以成都为中心的蜀汉文化游。我们会从北京出发，依次经过涿州、解州、西安、陈仓、天水、汉中、广元、阆中、南充、成都。回程还会结合"长江诗词游"的一段：宜宾—泸州—重庆—万州—白帝城—巫山—宜昌。

说到三国，不得不说起《三国志》，三国游不能不去南充。应该说现在有的所有关于三国的故事、传说，都源自陈寿写的那本《三国志》，而南充的万卷楼正是《三国志》诞生的地方。

我自己也有两个特别想去的地方——罗江庞统祠和江油青莲镇。

庞统墓和庞统祠堂所在的罗江都在成都不远处，景区里还有一段古栈道——传说中的"落凤坡"。这段古栈道，就是由秦入蜀的最后一段，也属于"难于上青天"的"蜀道"的一部分。

而去青莲镇的目的就是为了一个人——李白。且不说当地的各种传说，李白自号为"青莲居士"，可见青莲这个地方对他的影响之大。

其他的如正定子龙庙，涿州楼桑庙村刘备老家、张飞故里忠义店（河北涿州忠义店的张飞墓冢取了阆中和云阳的一些张飞墓土，以作为魂归故里的一种象征）、邺城铜雀三台遗址、虎牢关三英战吕布遗址、洛阳关林、亳州曹操运兵地道、东阿曹植墓、沂南诸葛故里、当阳长坂坡……都会在其他的路线中被我们见缝插针式地补上——这个方法特别值得推荐。

从镇江到罗江，长江万里奔流。遥想那场战争，千帆竞发，艨艟相撞，鼓角争鸣，刀光剑影，烈火烧红大江两岸，那场面该是何等磅礴，何等悲壮。然而此时的长江，波涛不兴，好像自古以来这里就是如此，什么故事也没有发生过，真是应了那句："滚滚长江东逝水，浪花淘尽英雄。是非成败转头空，青山依旧在，几度夕阳红。"

莎士比亚在《皆大欢喜》中说："整个世界是一个舞台，所有男女不过是这舞台上的演员，他们各有自己的活动场所，一个人在其一生中要扮演很多角色。"风云变幻的三国也是一个巨大的舞台，魏蜀吴的能人志士的和平与战争、忠与义、名与利、输与赢，均是过眼烟云而已，成了演义，成了剧目——他们本身就是历史的演员，而他们精彩的演出，最终都成了任人评说的故事。

历史上多少风流人物，犹如这不尽长江中的沙石。
人，只是匆匆过客而已，而江边赤壁今日犹在。

3 第三章 📍 文物中的历史

在游学中，我们可以通过观看文物增强对于历史的了解。其中更有一类文物能够让我们直接地"看到"历史，那就是分布在全国范围内的遗址。其中不乏像大汶口、周口店、商城、商周燕都、明城墙、圆明园等赫赫有名的名胜古迹。

还有一些历史文化遗址点缀在城市中，甚至到现在还在发挥作用，成为现代城市的重要组成部分。

我们在郑州的时候，到处找商城遗址，问了好半天，结果就是路边貌似街心花

园的那一堆堆夯土。同样古老的遗址还有常州的春秋淹城遗址，也是一溜杂草野树丛生的小土堆，完全看不出半点城墙的样子。沿着"古城墙"走了一段，前面热闹起来。原来土堆上有一段现已被辟为烧烤区域，自助的、零售的，大人喊小孩叫，烟雾绕肉香飘——古时城墙上的烽火传递 2000 年之后，最终变成了炉火。

淹城的城墙分为三层，每层都有护城河环绕，可以绕着圈一层层往里走，还可以看到附会《诗经》里那首千古名篇的关雎井、传说中军事家孙武起居的孙武草堂等人造景致。还有"岳飞点将台"，说是岳飞抗金收复常州时曾在此点将，这一下便将我们从春秋时期带到千年之后的宋朝。再怎么摆弄，这里总是一片荒野的样子，比古城墙还不起眼。自从曹操的高陵"问世"后，我常常怀疑这些遗迹文物。像是这里的关雎井、点将台究竟是如何考证出来的呢？

经历了 2000 年前淹城遗址的怀古游学，我们一致认为可供怀古的景致其实不能太"古"，上溯个七八百年，好歹还有些依稀可见原样的遗迹存下，让你抚今追古，叹息感慨。而淹城的沧海早已成桑田，何处寄情思？

北京元大都遗址在我最早去探访的时候，只有蓟门桥等少数地方有点"被保护"的遗址样子。幸好有了奥运会的大建设，这才开始对元大都城垣遗址公园进行了整体改造。改造后的元大都城垣遗址公园创下 4 个"北京之最"和 1 项"全国第一"：最大的城市带状公园、最大的室外组雕、最大的人工湿地、最先完成北京市应急避难场所建设的试点公园，北京也因此成为全国第一个进行应急避难场所建设和挂"应急避难场所"标志牌的城市。

北京建都始于金，盛名始于元，作为当时的都城，元大都城始建于 1267 年，于 1276 年建成，至今已有 740 年的历史。其最北部分在明初北城墙南移时，遗存城外，至今仍可以见到高达十余米的城墙遗迹，俗称"土城"。我曾经在北土城偏西部的牡丹园居住过一年，天天穿行在历史的烟云中。

而这是历史，也是哲学，是天人合一的美学境界。敏感的我们可以从历史的一鳞半爪中接受一种今古同抱千秋之憾的感怀，与山川景物同其罔极；又可以从自然空间那里获取一种顺天时而适意发展的可能性，感悟到人不仅由自然造成，也由自己造成；人死当复归于自然，但人又时刻努力想使自己的生命具有不朽的价值。

一说历史、哲学，人们往往都会想到那些艰深难懂的典籍，感觉离现实生活很远，既深邃又神秘。但实际上，在城市、在野外、在博物馆——同样可以达到阅读典籍的奇效。

历史游学的目的地还包括那些活着的历史小城。

历史，本身就是人类自觉存在的基本方式，是随处可见、无所不在的。除了前文所述的更像历史的遗迹之外，在水乡同里、在合肥三河、在宛城、在婺源、在平遥、在凤凰……我们随时可能与历史不期而遇，有着说不尽的话题。

在同里听司机讲了它的"命名三部曲"：由于交通便利，灌溉发达，土壮民肥，同里最初的名字叫作"富土"。后来，人们觉察到这样堂而皇之的矜夸、炫耀不太聪明，既加重了税负，又无端招致邻乡的嫉妒，还经常不断受到盗匪、官兵的骚扰，于是，就改成了现在的名字——把"富土"两个字叠起了罗汉，然后动了"头上摘缨，两臂延伸"的手术，这样，"富土"就成了"同里"。十年动乱期间，为了赶"革命"的时髦，造反派曾经赐给它一个动听的名字，叫"风雷镇"，但是，群众并不买账，为时很短，人们就又把它改回来了。你看，简简单单的一个镇名，就经历了这般奇妙的变化，焕发出许多文采，真应赞叹这"无字书"的意蕴丰盈。

在平遥王家大院，儿女似乎还没有多少思绪，但依旧会赞叹大院的阔绰。穿行在"三巷四堡五祠堂"等庞大的建筑群中，人们自然免不了心怀感慨地谈论一番王家的兴衰史，这样的家族兴衰也与当地的历史发展大有关联。

要完整地了解各地的发展史，别忘了去各地的博物馆。因为地方博物馆都会有一个关于本地历史文物的展品陈列，以此来介绍本地的发展历史。

历史也在各地独特的文化遗存中。南京金陵刻经处就是这样一个所在。

僻静的城南延龄巷，不显眼的院落，我们和孩子们静悄悄地推门而入，进去后却发现另有天地：似乎走进了时间深处，不经意间，孩子们走入了世界级的文化遗产之中，直面中国四大发明中的雕版印刷术。雕版、抄本、佛经、佛像这些中国文明进程中的文化符号，让我等他乡客亲炙了杨仁山居士在藏版、护书、刻书中所辉映的高贵的精神追求与文化守望，体味到高华、隽永的书香文脉。

走进小院，便觉其中天地颇宽，经书流通、印刷、装订各居其所，屋子都不大，人、物和工艺流程井然有序。西边是小小花园，更有那绝世雕版、珍稀古籍展厅。静谧，干净，米黄色调更是流露出和佛家的渊源。我本以为孩子们不会对佛灯青影的刻本有什么兴趣，可是他们非常认真地观看从刻板、印刷到装订的整个过程，而且全程都兴致盎然。

木刻雕版印刷是我国古代一项印刷工艺，约起源于唐朝。当下，中国古代木刻雕版印刷的工艺能够保持、传承的寥寥无几，而金陵刻经印刷不仅完整保持了用棠梨木刻版的技艺，而且在装订上也颇有讲究，有抽页、对折、齐栏、上纸捻、贴封面、切边、打眼、线装、贴签条等多道工序，而且将所刻书籍流通海内外，古为今用，殊为难得。金陵雕版工艺在 2006 年被列入中国第一批非物质文化遗产保护名录，又于 2009 年成功入选联合国教科文组织《人类非物质文化遗产代表作名录》。

1907 年，杨仁山在金陵刻经处设祇洹精舍，自编课本，讲授经文。诗僧苏曼殊也在此教授梵语、英语。由于种种原因，"祇洹精舍"仅开课一年就停办了，但它对中国近代佛教却产生了深远的影响。百年后，金陵刻经处成为世界级非物质文化遗产——"中国雕版印刷技艺"的保护单位之一，继续发挥着重要的影响力。

这样一个所在，因为靠近新街口，现如今周边已经是高楼林立。但能坚持保留这样的传承，让人颇觉惊讶，很多的南京人都不知道此处胜地。想当年，谭嗣同、梁漱溟、熊十力等前辈大师出入此地，各种经书佛像散播不绝。漫步其间，有种隔世大隐之意。

这座坐北朝南的小院，主要建筑有祇洹精舍、深柳堂等，这些建筑大部分是 20 世纪 50 年代后复建的，虽然不算是文物，但因为其间的人、事、物，依旧散发古色古香。作为全国活着的唯一的刻经"出版机构"，这里保存有 13 万块经版，其中，有百年以上历史的就有 4 万余块。经过沧桑风雨的老经版，有不少目前还在使用之中。后院有栋赵朴初居士题写的白楼，就是收藏这些宝贝的经版楼。

杨仁山与佛学佛经极有渊源，因而用此地专为刻版印经，广结善缘。虽然院子经历过重修，可高高的墓塔却仍是当年杨仁山之原物。

尽管人们结佛缘、散钱财有不同的方式，但不得不说，杨仁山居士倾其家产维持的金陵刻经处具有更好的效果。

南京还有一处重要的历史遗存，一百五十年来一直发挥着作用，那就是在近代史上很有光彩的建于 1865 年的金陵制造局。那年 5 月，李鸿章代理两江总督，移营南京。在南京聚宝门（今中华门）外扫帚巷东首西天寺的废墟上兴建厂房，筹建金陵制造局，亦称金陵机器制造局。它与同年创办的上海江南机器制造局、1866

年创办的福州船政局以及 1867 年创办的天津机器制造局齐名，是我国 19 世纪 60 年代洋务运动期间创办的"四大兵工企业"之一。

而如今的金陵机器制造局，已改称为"南京晨光 1865 创意园区"。之所以用"1865"其实是一种情结，它满载了时代的印记，见证了百年中华由封闭到开放的历史。

民国以来，金陵机器制造局名义上属中央陆军军械司管辖，实则为江苏各届都督所控制。民国政府定都南京后，于 1929 年将金陵机器制造局改称"金陵兵工厂"。从 20 世纪 30 年代起，国民政府对金陵兵工厂的厂房建筑进行了更新和扩建，使这一清末老厂更具规模、更加规范。尤其在当时，其建筑风格独领风骚。1937 年 11 月 16 日西迁重庆，仅用 3 个半月就在重庆江北宣告复工。从 1938 年初到抗战胜利，兵工厂为前方抗日将士提供各种型号的机枪 27900 余挺、迫击炮 7760 门、步枪 293300 余支，此外还有其他十多种轻武器和大批弹药。其轻武器的产量占全国兵工企业武器总产量的一半。抗战胜利后，金陵兵工厂迁回南京。1952 年底，山西长治三〇七厂搬迁南京，与军械总厂合并，称"国营三〇七厂"。抗美援朝期间该厂大量生产炮弹等武器弹药。1957 年 4 月，该厂采用"国营晨光机器厂"作为第二厂名，对外公开使用。1980 年 3 月改称"南京晨光机器厂"。1996 年 6 月，作为全国一百家现代企业制度试点单位之一，正式组建了晨光集团，并更名为"南京晨光集团有限责任公司"，2001 年上市。现在，在百年前的建筑群里，被重新改建为创意文化基地。

一个工厂的历史，也是中国发展的一个侧影。

4

第四章 · 长江中的诗词

> 亲子阅读专家李一慢表示："生活中的榜样示范，如果能与读玩绘本相结合，即是适宜的亲子教育。通过亲子绘本共读，可以使孩子广泛涉猎健康、语言、社会、科学、艺术等各方面的知识，有效培养孩子的观察力、想象力和表达能力，同时帮孩子从小养成良好的阅读习惯。"
>
> ——《中国教育报》记者 却咏梅

---------- **轻叩诗歌的门，从过去走向未来** ----------

车过江南，此时虽是正月初，然而油菜花已开，柳叶儿已抽绿……孩子们顺势说出"泥融飞燕子，沙暖睡鸳鸯"，而我冒出一句"客舍青青柳色新"，却忘了下一句是什么。正是因为身处这样的环境，这句诗总是在脑海中徘徊——这个得感谢胡老师选定的住所，一个刚开业不久的宾馆，前前后后种满了绿植，虽然当代的宾馆无法媲美当年的客舍，却可以给人同样的感受。

孩子们倒是敏捷，先是妹妹笑嘻嘻地接了下去："劝君更尽一杯酒。"

我愣了一下："咦，怎么是这一句？"

"爸爸，你说的是第二句。"儿子也不甘示弱，接着妹妹的话说，"西出阳关无故人。"胡老师也笑呵呵的，看来第一句最难的留给我了："渭城朝雨浥轻尘。"两个孩子齐声按照学校里背诵诗歌的调调说："送元二使安西，唐，王维"。原来，我触景生情想到的是王维的一首边塞诗。我觉得，我们这番自驾游学，对于宾馆的渴望和对于宾馆环境的期待也如同王维吧。

这样的旅人感受要比元二在安西路上的感受宁静多了吧？

这是家庭、是儿女给我的幸福。

我曾经花了十年时间游走于自己喜欢的五个城市，常常有"梦里不知身是客"的感伤、惆怅，也有"游子"的惘然，更有"独在异乡为异客"的思念，那些诗词对于年轻且单身的我来说有点远，而如今，我是用生活用爱去感受，经历越多越发现，童年时靠反复诵读背诵下来的古诗词中，有些美，是需要时间来发现的，是需要情境去领悟的。

说到美，最先想到的是种种描写宇宙之美的句子。"星垂平野阔，月涌大江流"，"江流天地外，山色有无中"……世界的美就凝缩在这工整的对仗和赋格里，体现在韵律和抑扬中。是这些诗句给了美以说出的可能。幼时只能做到字字都认识，哪里知道字字是珠玑呢！

在苏州，我们住在古老的街巷中。还未睡着时，外面一阵风吹过，淅淅沥沥地就落起雨来，一下子就把八月的暑气带走了。清晨起来耳边就响着"细雨湿衣看不见，闲花落地听无声。"踏过小巷，看到苏州公园空地踢腿甩胳膊的阿公阿婆，听到自行车后轮窸窸窣窣的甩水声……虽是夏天，我却想到了"小楼一夜听春雨，深巷明朝卖杏花"这样的诗句。景物时节与心境其实都是不同的，但其中传达的意思我却有所领悟，那种欣喜和安宁可以是海风，也可以是春雨，涤荡出的人间况味却是同样的美好和静谧。

一只不知要去往哪里的客船，一阵月夜深处乌鸦的啼叫，一盏映衬江边枫树的渔火……能看到、能听到这些的旅人才是真的寂寞。换成张继的诗就是"月落乌啼霜满天，江枫渔火对愁眠。姑苏城外寒山寺，夜半钟声到客船"。

在苏州，走街串巷，一不小心就会误入那些古代文化人修身养性、归隐于市的古典园林之中。在苏州，无论如何要去一趟平江路，这是一条沿河的路，两侧的横街窄巷众多，保留了近千年的河路平行的格局、肌理和长度，小桥流水、白墙黑瓦，一副江南水城的模样。杜荀鹤《送人游吴》中这样写道：

> 君到姑苏见，人家尽枕河。
> 古宫闲地少，水巷小桥多。

就这一点来看，我们眼中的苏州都是一样的美好。无论时代怎么变，人们永远都会追求美好，追求浪漫，追求文明。就像有个段子说的，背古文对于中国人而言，能让我们在看到美景时，第一反应不是"太牛了！"，不是千篇一律的"Amazing!"，而是感慨"良辰美景奈何天"，或者是"杨柳岸，晓风残月"。这份美好，是古诗词可以带给我们的。记得2016年清明，我们去平谷度假，看到果树结果，我发了一句"花褪残红青杏小"，引来了众多点赞。

这个小小的例子更让我为读过一些诗词感到自豪，那个情景下，脱口而出的这一句，让我能体会古人在古诗词曲里的那份情趣——哪怕穿越了千年，仍然与我心灵相通。

又何止是"残红"和"青杏"，从北国大雪纷飞到南海烟波浩荡，从西域戈壁荒滩到东胜海客瀛洲，从瑶池仙境到西山村居，从天府巴蜀到江南烟雨，每一处都能在唐诗中寻觅得到，我们读这些诗词，正像随着那些诗人一起去旅行。

何止是"穿越千年、驰骋万里！"的豪壮之举，这更是"天涯何处无芳草"的自我救赎。对于一个人来说，在诗词的文化趣味的熏陶下，倘若他的人生际遇与诗词所言相近时不免会产生共鸣，这样，古诗词便可以起到舒缓情绪、沟通灵魂的净化作用。我中学时候的语文老师，是位在私塾教过书的老先生，他分析现代课文的字词篇章谈不上多么精彩，可只要他一说到古诗文，立刻会神采飞扬起来，那画面一直让我记忆犹新。少年时的我，也经常胡诌些文字，不过是为赋新词强说愁。但不可否认，我对古诗文的爱好就是从那时开始的。

诗歌带给人的最美妙的体验是从语言的韵律和节奏开始的，至于文字和情怀的部分只有等到长大后才能领悟。可是，如果没有幼年的文化积累和习惯养成，长大后再想领略这份美好，怕也是不现实的吧？

这些诗词应该不断重复、不断在他的耳边眼前晃荡，所谓耳濡目染，大概就是这样的概念。就诗歌气氛的熏陶而言，家庭教育的效果其实是胜过学校教育的。可惜，多数父母都忽略或者无暇顾及这一点。自己本身并没有诵读古诗文的兴趣，所积累的只是当年作为学生不得不背诵的那些诗词——换个角度说，幸亏当年在考试驱使下的"死记硬背"，这让家长们现在在孩子面前还能记忆起或多或少、或长或短的古诗文。

其实，背诵一首古诗，本没有那么痛苦，需要一定的情境和一定的坚持。2016年春季，我们在离开"定州"回京的路上，自主"投票"来选择听什么音频节目，最后根据投票结果，定下来的是《三国演义》《杨家将》的评书和相声，胡老师说她

要额外加一首苏轼的送别诗，大家都赞同，并且争着抢着要背诵。于是，胡老师连着读了三遍《东府雨中别子由》，似乎能与苏轼兄弟心意想通：

> 庭下梧桐树，三年三见汝。
>
> 前年适汝阴，见汝鸣秋雨。
>
> 去年秋雨时，我自广陵归。
>
> 今年中山去，白首归无期。
>
> 客去莫叹息，主人亦是客。
>
> 对床定悠悠，夜雨空萧瑟。
>
> 起折梧桐枝，赠汝千里行。
>
> 重来知健否，莫忘此时情。

在游学中，我们越来越体会到诗歌简直是传统文化的最佳载体，诗人的思想情感藏在文字的背后，进入到中国人的血脉。在民间，在家庭，在学校，古诗总是能在孩子们的耳边响起。若能在孩童时期，让儿女对古诗产生兴趣，并能背诵、记忆一定的古诗，会使他们终生受益。

等到女儿也上了小学后，我们家就开始每周背一首诗，通过游戏的方式来背诗，而且选特别好玩的诗，风花雪月、江河环境，还有很多关于长江的诗。这一方面是阅读的需求、学习的需求所致。另一方面，在我们家了解祖国的计划路线当中，有一条线是长江线。长江的游学分为下游、中游和上游三次，下游就是我们于2015年寒假完成的，叫"大江东流去"。我们的自驾游从崇明岛开始，途经南通、镇江、南京，然后去了马鞍山。

在镇江，我们特意去了镇江三山之一的北固山。别小看这只有58米高的小山，它可是我们几条游学路线中的重要一点。来这里是因为北固山是长江下游江边的人文景点，是我们三国游中的一个点。刘备和孙尚香就是在这里的甘露寺成的亲，留下了《刘备招亲》《甘露寺》等诸多文艺作品，特别是成了《三国演义》第五十四回"吴国太佛寺看新郎，刘皇叔洞房续佳偶"的故事发生地。这里也留下了吴国太暗助刘备、孙夫人回乡投江的动人传说。除此之外，还有一点与三国有关，准确地说，是与"莽撞人"张飞有关。张飞的书法很不错，甘露寺的匾额就是张飞所书——他可不是电视剧中展现出的"斗大的字不识一个"的那种人。

这里是长江诗词游中的一个点，许多文人在这里登高怀古留下大作，其中的很多诗词也与三国文化相关。比如我非常喜欢的辛弃疾的一首《永遇乐·京口北固亭怀古》：

> 千古江山，英雄无觅孙仲谋处。
>
> 舞榭歌台，风流总被雨打风吹去。
>
> 斜阳草树，寻常巷陌，人道寄奴曾住。
>
> 想当年，金戈铁马，气吞万里如虎。
>
> 元嘉草草，封狼居胥，赢得仓皇北顾。
>
> 四十三年，望中犹记，烽火扬州路。
>
> 可堪回首，佛狸祠下，一片神鸦社鼓。
>
> 凭谁问：廉颇老矣，尚能饭否？

还有我们苏东坡的一阕《采桑子》也让我喜爱：

> 多情多感仍多病，多景楼中。尊酒相逢，乐事回头一笑空。
>
> 停杯且听琵琶语，细捻轻拢。醉脸春融，斜照江天一抹红。

我们在北固山流连的时候，特别是走在那坡道上时，儿子也发出了感叹：这路难道就是刘备去和孙尚香约会走的路吗？女儿看着石壁上的野花，问：这花也有几百岁了吧？

于砖石明瓦的缝隙中，找寻先贤遗留的雪泥鸿爪，周遭弥漫着青草的气息，仿佛历史的烟云正悄悄浸润着每个人的心思，让人发古之幽思。

离开北固山，我们去了南京的燕子矶……然后直奔马鞍山。

相传李白在马鞍山"举杯邀明月"，一不小心"扑通"跌落长江里淹死了——据辛文房的《唐才子传》所述，李白老时，"渡牛渚矶，乘酒捉月，溺毙于水中"。当然这是个传说，没什么可信度，但我就愿意相信，"白发三千丈"可以"飞流直下三千尺"——毕竟李白的人生与其文风一样，充满浪漫的色彩。

那个地方有李白的衣冠冢，我们去那儿看了看，凭吊下我们都很喜欢的老李家最著名的诗人，然后再去不远处的太白楼。

我相信这里的李白墓是真的，这有白居易的诗为证："采石江边李白坟，绕田无限草连云。可怜荒垄穷泉骨，曾有惊天动地文。但是诗人多薄命，就中沦落不过君。"太白楼一听就是纪念李白的，全国共四处，分别在山东济宁、安徽歙县、四川江油青莲镇李白故里和马鞍山。四处各具风格，济宁太白楼肃穆沉静，马鞍山太白楼庄严辉煌，歙县太白楼古朴素雅。其中李白在济宁生活二十余年，日日在太白楼上饮酒赋诗，并在此得到玄宗皇帝的征召，受到玄宗皇帝的赐金放还后又归于此。所以济宁太白楼与李白最为密切。马鞍山太白楼位于马鞍山市采石矶西南两公里处，面临长江，背依翠螺山，是一座金碧辉煌、宏伟壮丽的古建筑。

而且，马鞍山太白楼与湖南岳阳楼、湖北黄鹤楼、江西滕王阁并称"长江四楼"。

我们去了采石矶，那里是李白江中揽月、骑鲸成仙的地方，而我也在19岁那年从南京徒步百余里来祭拜偶像李白。李白墓还有个让人心痛的历史，历朝历代修缮保护完好，而到了1938年却被日寇炸了，所有碑文石刻就此荡然无存。现在的太白祠是1979年重修的。

离开太白楼，南行三十公里就来到芜湖的天门山，"天门中断楚江开，碧水东流至此回"。是长江中断了天门山，还是恰巧两岸各有一山相对出？在长江边上，我们徜徉在李白诗句里的天门山前——准确地说，是长江东南岸的东梁山。站在江边，抬眼东望，果见滚滚江水在中游的一片宽阔中，夹江而立两座不高的"山"，我们常见的各种诗配画中，总是把天门山描绘得高高大大，高耸陡峭。如今，眼见为实，真正的天门山就在眼前，当我们再吟诵起李白的《望天门山》时，又是一番感怀。

李白是我们一家都特别喜欢的诗人，他25岁离开四川，顺长江而下，开始浪漫之旅。他先后游历了今湖北、湖南、江西、江苏等省，先以金陵和扬州为中心，后以安陆为中心，"南穷苍梧，东涉溟海"，即南面沿着长江的支流湘江到长沙、衡阳、宁远，北面沿着长江的支流汉水，北到襄阳、安陆、南阳。他游过洞庭、鄱阳、太湖，登过庐山、衡山、九疑山等名山大湖。

这个时期，是李白青年时代的漫游时期——也可以称其为游学。祖国的壮丽山河，培养了他热爱祖国的豪迈情怀和喜爱大自然的美好情趣。他的《望庐山瀑布》和《夜下征虏亭》二诗，最能代表他东游名山胜水的惊喜和愉悦。

望庐山瀑布

唐·李白

日照香炉生紫烟，遥看瀑布挂前川。

飞流直下三千尺，疑是银河落九天。

夜下征虏亭

唐·李白

船下广陵去，月明征虏亭。

山花如绣颊，江火似流萤。

长江不仅仅是交通大道，更满载李白的壮志情怀。他在《渡荆门送别》一诗中写道："山随平野尽，江入大荒流。"读罢第一次感觉到家门口的长江与荆楚辽阔的大地上的长江是如此不同，说不定正是这番壮丽之景引起了他在视野和思想上的开阔和解放。

李白的后半生，基本上是在长江下游也就是江东地区度过的。他的晚年，则主要是在皖南地区流连。最后落足并终老于宣城当涂县——现在称为马鞍山市。据说李白在安徽"游学"不少于六次，可以概括为"三座名山""两条山水旅游带""两大风景名胜区"。"三座名山"是指黄山、九华山和天柱山。三山中我们先去的黄山，毕竟大旅游家徐霞客说过"五岳归来不看山，黄山归来不看岳"，而李白是最早发现黄山之美的，他在《送温处士归黄山白鹅岭旧居》中写道："黄山四千仞，三十二莲峰。丹崖夹石柱，菡萏金芙蓉。伊昔升绝顶，下窥天目松。仙人炼玉处，羽化留馀踪。"后来，"三十二莲峰"成了黄山最高峰"莲花峰"名字的出处。此外，黄山的石柱峰、芙蓉峰、炼丹峰、天桥峰等的命名，也都源自这首诗。

九华山的原名叫"九子山"，是李白给改的名字。他嫌九子山山名不雅，因见此山"九峰如莲花""乃削其旧号，加以九华之目"，即改"九子山"之名为"九华山"，并与韦仲堪、高霁三人联句作诗以记录。此后，李白还赠给韦仲堪一首诗，写道："昔在九江上，遥望九华峰，天河挂绿水，秀出九芙蓉。"从此九华山名声大振。

第三个就是天柱山。2016 年寒假，我们在第六次过安徽、第二次游长江、第二次游三国线的时候，经合肥去爬了天柱山。关于合肥的历史文化完全可以作为在路上讲给孩子们听的小故事。李白也曾在合肥驻足，那时候合肥叫庐州。我想他是来过的，否则他写的《杭州送裴大泽赴庐州长史》怎么会那么真切呢：

> 西江天柱远，东越海门深。
>
> 去割慈亲恋，行忧报国心。
>
> 好风吹落日，流水引长吟。
>
> 五月披裘者，应知不取金。

我们是在合肥饱览了安徽博物院之后，奔潜山，登天柱山。天柱山又名"皖公山"——也简称为"皖山"，是安徽省简称为"皖"的来历之一。汉武帝曾封皖山为南岳，后隋文帝将南岳之名移于湖南的衡山，其名遂不大显于后世。潜山县西有个岳西县，就是与这个"前南岳"有关。李白于乾元元年（758年）路过此山，作诗赞美皖公山："奇峰出奇云，秀木含秀气。清宴皖公山，巉绝称人意。"（《江上望皖公山》）由于李白的赞美，才引起了后世"白粉"们对天柱山的喜爱，特别是宋代的大诗人苏轼、王安石等文宗都来此山游览吟咏，带动了天柱山的盛名。

所以，我们可以说安徽这三座名山都与李白有莫大的关系，它们正是因为有了李白的登临和诗作才成为天下名山的——看来粉丝经济由来已久啊！

李白有一句诗是："白发三千丈，缘愁似个长。"此诗名为《秋浦歌》——以前背诗歌都是囫囵吞枣，哪里知道秋浦是个地名，而且是让李白流连忘返的地方，他老人家的《秋浦歌》竟然有17首之多，约占他写的安徽诗歌的9%，还有9篇文章——他所有的诗文超过1000篇，其中可以探知明确地方的就650篇！这也可见他对安徽和秋浦的喜爱，反过来也可以说，是安徽的风土使诗仙诗兴大发,17首《秋浦歌》基本上把秋浦的山水风光和风土人情写得差不多了，我真想长时间地生活在秋浦领悟李白的诗情画意，体验真正的"诗意的栖居"。

"白发三千丈，缘愁似个长"的后两句是"不知明镜里，何处得秋霜"，说的正是秋浦玉镜潭。运气好的话，我们可以看到大楼山上的霜雪，映照在玉镜潭中。

"两个名胜风景区"指的是宣城与当涂。当涂在唐时是归宣城郡所管辖的一个县。今天却成了两个地区。宣城因南朝齐代诗人谢朓曾在这里当宣城太守，写了不少著名的诗歌而更为著名。说到谢朓，不得不提李白是最大的"谢粉"，他的许多行程就在追着谢朓的足迹，就好像我们这样追随李白——当然我们没法与李白相比。

李白往来宣城、当涂两地的次数非常多，谢朓留在这两地的遗迹差不多他都有题咏，他的诗也多次化用谢朓的诗句，融合谢朓诗的意境。清人王士禛《论诗绝句》云："白纻青山魂魄在，一生低首谢宣城。"这是大家熟知的，其实晚唐的徐夤等早就说过："旧隐不归刘备国，旅魂长寄谢公山。"它们意思一样，都是说他长期在这些地方流连，最后葬于此地，是和谢公有关。

马鞍山的当涂县，是李白的终老之乡。李白之所以将当涂选为自己的终老之地，一是因为仰慕谢家青山，二是因为这里有一位在此为县令的贤族叔李阳冰。

宣城，已经成了我们下一次安徽之行的目的地——就我们东奔西走、南来北往的游学路线而言，安徽是会经过很多次的地方。按照我的游学策略，一定要在长江沿线以及往返北京的路线中间隔地留着下一次的游学点——不要一次性地走完连续的游学点。

据统计，李白在语文课本中奉献了 18 首诗歌，大多数写于长江一线。

1. 静夜思

床前明月光，疑是地上霜。
举头望明月，低头思故乡。

2. 赠汪伦

李白乘舟将欲行，忽闻岸上踏歌声。

桃花潭水深千尺，不及汪伦送我情。

3. 夜宿山寺

危楼高百尺，手可摘星辰。

不敢高声语，恐惊天上人。

4. 望庐山瀑布

日照香炉生紫烟，遥看瀑布挂前川。

飞流直下三千尺，疑是银河落九天。

5. 秋浦歌

白发三千丈，缘愁似个长。

不知明镜里，何处得秋霜。

6. 古朗月行

小时不识月，呼作白玉盘。

又疑瑶台镜，飞在青云端。

仙人垂两足，桂树何团团。

白兔捣药成，问言与谁餐？

7. 望天门山

天门中断楚江开，

碧水东流至此回。

两岸青山相对出，

孤帆一片日边来。

8. 独坐敬亭山

众鸟高飞尽，孤云独去闲。

相看两不厌，只有敬亭山。

9. 黄鹤楼送孟浩然之广陵

故人西辞黄鹤楼，烟花三月下扬州。

孤帆远影碧空尽，唯见长江天际流。

10. 峨眉山月歌

峨眉山月半轮秋，影入平羌江水流。

夜发清溪向三峡，思君不见下渝州。

11. 闻王昌龄左迁龙标遥有此寄

杨花落尽子规啼，闻道龙标过五溪。

我寄愁心与明月，随风直到夜郎西。

12. 春夜洛城闻笛

谁家玉笛暗飞声，散入春风满洛城。

此夜曲中闻折柳，何人不起故园情。

13. 送友人

青山横北郭，白水绕东城。

此地一为别，孤蓬万里征。

浮云游子意，落日故人情。

挥手自兹去，萧萧班马鸣。

14. 渡荆门送别

渡远荆门外,来从楚国游。

山随平野尽,江入大荒流。

月下飞天镜,云生结海楼。

仍怜故乡水,万里送行舟。

15. 行路难

金樽清酒斗十千,玉盘珍羞直万钱。

停杯投箸不能食,拔剑四顾心茫然。

欲渡黄河冰塞川,将登太行雪满山。

闲来垂钓碧溪上,忽复乘舟梦日边。

行路难!行路难!多歧路,今安在?

长风破浪会有时,直挂云帆济沧海。

16. 宣州谢朓楼饯别校书叔云

弃我去者,昨日之日不可留;

乱我心者,今日之日多烦忧。

长风万里送秋雁,对此可以酣高楼。

蓬莱文章建安骨,中间小谢又清发。

俱怀逸兴壮思飞,欲上青天览明月。

抽刀断水水更流,举杯消愁愁更愁。

人生在世不称意,明朝散发弄扁舟。

17. 月下独酌

花间一壶酒,独酌无相亲。

举杯邀明月,对影成三人。

月既不解饮,影徒随我身。

暂伴月将影,行乐须及春。

我歌月徘徊，我舞影零乱。

醒时同交欢，醉后各分散。

永结无情游，相期邈云汉。

18. 早发白帝城

朝辞白帝彩云间，千里江陵一日还。

两岸猿声啼不住，轻舟已过万重山。

以上诗歌可用以下歌诀记：

五月，四山，二楼城，

或歌或酒或笛声。

昼夜水陆写不尽，

思乡赠友溢别情。

其他的写于长江沿线的诗歌中，我还喜欢以下几首：《赠孟浩然》《乌栖曲》《永王东巡歌》……

《赠孟浩然》是李白到湖北安陆拜访孟浩然不遇时所作：

吾爱孟夫子，风流天下闻。

红颜弃轩冕，白首卧松云。

醉月频中圣，迷花不事君。

高山安可仰，徒此揖清芬。

《乌栖曲》是李白创作的一首乐府诗。此诗形式上做了大胆的创新，借旧题的歌咏艳情转为对宫廷淫靡生活的讽刺：

姑苏台上乌栖时，吴王宫里醉西施。

吴歌楚舞欢未毕，青山欲衔半边日。

银箭金壶漏水多，起看秋月坠江波。

东方渐高奈乐何！

在《永王东巡歌》其二中，李白照旧用谢安石来比喻自己的雄心壮志：

三川北虏乱如麻，四海南奔似永嘉。

但用东山谢安石，为君谈笑净胡沙。

其六写了吴国诸地：

丹阳北固是吴关，画出楼台云水间。

千岩烽火连沧海，两岸旌旗绕碧山。

我们离开芜湖再往西，就来到了有"红泥小火炉"之称的安庆、"浔阳江头夜送客"的九江、景德镇这些地方，这是我们 2016 年寒假自驾游的路线。通过这些了解，我们有针对性地选择博物馆和自然景点，让孩子对吴文化和楚文化有更多的了解，对李白的人生和诗意有更深层次的感悟。

从前文所列举的入选课本的李白诗歌来看，我觉得选目还是很适合的，符合从浪漫到精确到综合的学习规律。幼时背诵的多半是简单通俗的诗句，但这是成年以后的复杂与精致所无法替代的纯粹与情深。就我自己而言，正是从课本上的那些诗歌开始喜欢李白的（当然他姓李也是一个很重要的原因），而且是越来越喜欢。"夫天地者，万物之逆旅也；光阴者，百代之过客也。而浮生若梦，为欢几何？"这样的话既是对"逝者如斯夫"的内在继承，又是李白的独特表达，是他自己从刘备到谢青山的波澜人生的写照。

万物造化，李白就生活在大江之上游，大国之盛唐，长江正是他游学一生的起点和终点，更是贯穿他生命的主线。多年之后，他的后代，后世子孙也将以这样的方式，读他、走近他。

历史的大江大河中是否早有如我们一样的人呢？

正如我前文中所说，李白也在追寻谢朓的足迹。

当然有很多李白的粉丝——有的自己也成了一代宗师，比如宋时的苏轼。

他也是沿江而下。

苏轼是另外一位我们一家都很喜欢的古代文学家。对于他的作品的喜爱是从一首王菲的歌曲开始的："明月几时有，把酒问青天……"我最早听到的这首歌，还是邓丽君的版本。再加上后来学习到课本中他写的诗文，对他有了更多的了解。我们早期去的杭州、徐州、扬州等地，都有苏轼的足迹和历史遗迹。特别是这些城市都有西湖、都有苏堤。在北京，我们也常常去"眉州东坡酒楼"就餐，更加深了对苏轼的认知。而对孩子们来说，当他们学习背诵了苏轼入选课本的《惠崇春江晚景》《题西林壁》后，才算正式开始了认识苏轼的过程。

对于我而言，苏轼从李白那里接下接力棒来。他自己是这样评价李白的："李太白、杜子美以英玮绝世之姿，凌跨百代，古今诗人尽废。然魏、晋以来，高风绝尘亦少衰矣。"而我认为苏轼自己也是如此。

苏轼自己就是一个游学大家，他对生命经验深度和广度的开拓，让他的想象力永不枯竭，让他的生活激情持续。他19岁与弟弟苏辙随父苏洵离开四川老家，直至64岁客死常州，当官也好，贬谪也好，归隐也好，游历了大宋朝西起家乡眉州，北至定州，南到海南岛，东渡瀛洲的半壁江山。他留给后人的苏堤继续发挥着作用，也成了游人踏青寻访、谈情说爱的烂漫之路；他留给后人的东坡肉，成了食客们争相品尝的美味佳肴……

与李白一样，有些景致让苏轼诗兴大发，有些景致则完全靠苏轼成名。今天，我们可以沿着他的诗词地图求索，追逐着东坡的脚步，黄州的东坡学堂、常州的东坡公园、杭州的苏公堤、徐州的快哉亭……因为苏轼，我们可以一次又一次与清风明月、与山川万物进行对话。

　　东篱采菊，赤壁放歌，苏轼因为"乌台诗案"流放到黄州，给当时的蛮陌之地留下了当今的文化胜迹。而我们在东坡赤壁也徜徉许久，既要辨别人造的红墙与天然的赤壁，也要上上下下打量"乱石穿空，惊涛拍岸"的具体位置，更要细细浏览、观摩苏轼的赤壁诗文所吸引来的文人墨客的"赤壁咏叹"和"东坡缅怀"。已经开始学习书法的女儿和我更是对碑刻一一端详、欣赏，她看笔画，我则告诉她这字是谁写的，这个"谁"又是一个怎样的人。儿女发现了启功先生的大作，兴奋起来：他们学校的校名正是这位大家题写的。他们找到了一个"小"字，赞叹道："跟我们小学那个"小"真的一样啊！"

　　胡老师带着儿女爬上了栖霞楼，我没有上去，我知道历史上栖霞楼并非在此处。后人是"图方便"吗？竟把它重建在东坡。茅盾先生题写的"栖霞楼"在这文赤壁的最高处，我在楼下向上仰视，朝着儿女挥手，他们则俯视着我，兴奋地挥手。苏轼逃脱了死亡的威胁，以贬谪的身份来到黄州，"扁舟草履，放浪山水间，与樵渔杂处，往往为醉人所推骂，辄自喜渐不为人识。"于是有了这样一阕《卜算子（缺月挂疏桐）》：

　　缺月挂疏桐，漏断人初静。谁见幽人独往来？缥缈孤鸿影。
　　惊起却回头，有恨无人省。拣尽寒枝不肯栖，寂寞沙洲冷。

　　正是在寂寞中，他接受了淡泊，接受了禅定，垦荒种地，俯仰江月。渐渐地，自然和生命的"原力"进入他的灵魂深处——并在黄州升华,所以他说自己在黄州是最"受用"。而那时他正是 45 岁左右,按今天的标准,正处在青年到中年的跨越期——跟当年去黄州东坡"会他"的我同龄啊,黄州给他的字号"东坡"流传至今,黄州让苏轼跨过"年轻气盛"的门槛。苏轼给了黄州最好的精神、最好的文化、最好的中国文人密码——甚至于在毛泽东的《念奴娇》中能看到黄州苏东坡的精神底色。

孩子们下了楼,我也神游回来,打起精神与孩子们聊了一聊这里为什么叫文赤壁,苏东坡为什么会错把此地当作三国古战场赤壁……胡老师和孩子们一起品读苏东坡在此地写的《赤壁赋》及《赤壁怀古》。离开东坡赤壁,在前往武赤壁的车上,我们延续着对东坡精神的喜爱和学习。我先为孩子们解读《赤壁怀古》,再让他们听名家朗诵版的录音,然后组织大家一起玩《赤壁怀古》接龙,最后还来一个《赤壁怀古》诗朗诵大会——爸爸演绎了老学究版,妈妈演绎了播音员版,哥哥表演了小品版,妹妹表演了可爱版。Bingo! 谈笑间,一首词就被搞定了!

苏轼的诗文正好也是李白诗词的延续,中华文才到了宋代,不仅词发达,且新一代散文也发展起来。苏轼不仅诗词好,也是"唐宋八大家"中精通文赋者之一——我要是说他文赋水平最高,会有人反对吗?

我们在九江(就是三国时的柴桑)的时候,从我们住宿的酒店出发,走不到两站路,就可以到达锁江楼。锁江楼与锁江塔屹立于长江边,登高远望,长江尽在眼底。从锁江楼步行 5 分钟,就到达另一个著名景点:浔阳楼。浔阳楼之所以出名,是因为一部小说,这部小说就是《水浒传》。小说中,宋江宋公明酒后在此写诗:"他时若遂凌云志,敢笑黄巢不丈夫。"正是这首诗,为他招来了杀身之祸。

《三国演义》的烽火映红了长江,而《水浒传》中起义导火索也与长江岸相关。

在九江,我们特别想去琵琶亭,只因读过白居易的《琵琶行》。到了才发现,这个景点还没有修好。

大门虽进不去，但隔着门可以看到江州司马白居易的塑像。琵琶已随长江东去，此处唯留江州司马。

长江，把唐代三大诗人中的最后一位给拉入这本书中。

由长江，由李白、苏轼，我们从这文化的横断面和纵切线出发，领略了古典诗词的核心部分，领略了中国文人的胸襟和情怀，这浪漫的起点给了孩子们精神的感受，给了孩子们综合的领悟。

好一堂诗词欣赏课！好一曲长江之歌！

5

第五章

📍 **爬过三山五岳**

> 为什么说春节适合进行家庭总结？
>
> 冬天爬山合适吗？
>
> 爬山前要做些什么准备？
>
> 先爬了泰山。

最近孩子们在背诵杜甫的《望岳》，然后嘻嘻哈哈地谈起他们爬泰山的情形。

自古以来，东岳泰山一直是被称为"五岳独尊"的名山领袖，这是因为东方为万物交替的春之方位，是第一。而且在我们耳熟能详的开天辟地的创世故事中，提到过泰山是由盘古的头变化而来的，因而泰山不仅有神性，而且很尊贵。于是，泰山安则四海安。我们一家，要爬山就爬泰山。

从孔子、曹植到李白、杜甫，他们所写的泰山诗文也都是传世名篇。特别是《孟子》有云："孔子登东山而小鲁，登泰山而小天下。"对于我女儿来说，攀登泰山意义重大，是她刚满 4 岁就独立登顶的较高的名山，这件事给了她无穷的信心。

第三年，我们登嵩山。去嵩山还有一个额外的任务，不是去少林寺，而是想多了解中华第一都城——阳城，据说这是夏启废了禅让制后所定的都城。此地因在嵩山之阳故称为"阳城"。之所以定都在这里，据说是因为这一大片土地的地势高。后来，武则天从西边过来，在一片平地丘陵中唯有此山最高，于是她登嵩山，封中岳，到达古阳城，说了一句："大功告成。"从此，中华第一都改名为"告成镇"。正是这个原因，在我们开车进入河南，突然看到一片山峰的时候，就知道那准是嵩山了。

与登泰山不同，我们在嵩山全然没有登泰山爬石阶的紧迫心情，基本上是慢慢悠悠，甚至连是否要登顶都没有定论，任凭孩子们自己做主，想爬到多高就爬到多高——这样的爬山反倒让孩子有了愿望。

我们坚持这样的登山已经有了 6 个年头了。

---------- **发起一个全家参与的集体项目** ----------

锻炼身体的话，用什么运动项目好呢？大球、小球、击剑、骑马、高尔夫，都行。孩子们有兴趣，有时间有钱，就让他们去学。练出趣味来，练出水平来，将来能影响孩子，都会成为孩子的一项技能。这听起来很不错，那么，有没有一家几代同时参加，经济适用、简单易行的好项目？

爬山。

不仅可以全家共同参与，可以锻炼身体、怡情养性，而且爬山的管理流程也最为简单：目标清晰，路线简单，需要体力和毅力，有时候还需要脑力。在过程中可以经历狂风暴雨，也可以感受风花雪月。

带孩子登山压力特别大，光是考虑是否要抱着或背着孩子爬山这一点就足以吓

退不少人。所以，你就成了议论和羡慕老外
"孩子这么小都能自己爬山，还能背着自己的
小包"的旁观者了。

　　大概是在我 4 岁的时候，我们家搬到一
个海边的山城。家在半山坡，学校在一个山
头上，涧沟是我们玩水滑冰的好场所，身后
的山是我们野餐锻炼的乐园……从来没觉得
在山上走路会累，更不会想到现在连爬山都
成了生活的奢侈品了。在北京，我们连景山、
香山这样的矮山都去"爬"了——这样低矮
的小丘、小山对于孩子锻炼身体很有好处，
这会让他们慢慢喜欢上登高眺望的美好感觉。
比如我们每次登上景山都会对南边的故宫、
北边的鸟巢等建筑赞叹一番。天气好的时候，
可以看到北京东边楼宇逐渐抬升，直到最高
的大楼的整个轮廓，以及西边从北海白塔到
中央电视塔的整个轮廓，这样的城市轮廓和
天际线，让我们感叹流逝的时光，感受扑面
而来的未来。

---------- **春节登高好望远** ----------

　　儿子 3 岁以后，我们爬山的频率渐渐增加，但爬的都是在北京几处不高的山。
偶尔也会去外地登山。随着儿女的成长，2011 年开始我们固定在农历的春节假期

去登高山，已经攀登了泰山、衡山、嵩山、黄山、庐山和天柱山。接下去要去登华山和恒山，然后是九华山、雁荡山、峨眉山、武夷山、武当山、玉山……

是不是很奇怪，寒冬腊月的去爬这些高山不是会有很多东西看不到吗？

确实，有些名山景区是不适合冬季去的，但是我们这样的安排本身就不是为通常意义的旅游而去，而只是最简单的爬山。我们中国人都以春节为一年之始，新年登高，就是为了给自己设定一个目标，然后一步一步地攀登上去。

爬山前我们要做好一些准备，特别是要规划好攀登的路线、分配好去各景点的时间，毕竟学前孩子们的体力有限。我们登泰山的时候，就事先征求了孩子们的意见，把路线告诉他们，结果孩子们都愿意自己爬最后的十八盘和顶峰，因此我们自始至终就抱着一定要登上顶峰的信念。孩子们对承诺看得很重，他们会期望遵守承诺，而我们也要创造让他们遵守承诺的条件。在陡峭的十八盘路段，女儿早已经累得不行。南天门下最后的那一段 60 ~ 70 度的台阶更是成了真正的难关。之前用的一些鼓励方法也都不奏效，除了提高休息的频率外，我们解除了这几天为了保护她的牙齿所设的吃糖禁令，以登山体力消耗大，需要补充糖分为理由，给她奶糖吃，并且约定在最后几段的休息点，都要补充糖分。儿子是那种默默承受、努力攀登的孩子，他虽不拒绝喜欢的糖，但要是没有糖的话也会爬到顶。而女儿，用她妈妈的话说，要是没有那几颗糖，以她的体力和意志不一定能登顶成功。现在回想起来，连续走个 6000 级台阶也是挺恐怖的。

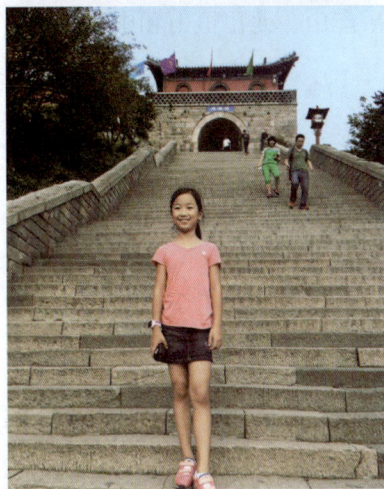

这时女儿才4岁1个月，能够独自登上泰山对她来说很有意义，让她有了成功的体验，有了自信的累积。其后的衡山和嵩山，她都是自主爬山，连要我们抱的想法都没有。

女儿第一次爬高山其实是在她1岁半的时候。那一次，我们去的山西的绵山，高高的台阶上当时就已留下了她蹒跚的步伐。不过，爸爸的肩头、妈妈的怀抱更是她留恋的地方。

我也希望新年登山能成为我们家的一个仪式，将来也成为一项家庭传统，和自儿子诞生那年起一直持续下来的"元旦泡汤"一样。"元旦泡汤"主要是对过去一年的总结，要将过去的所有烦恼一泡了之。然后用一定的时间思考新一年的打算。在春节登高之际，跟大家分享自己的新年计划，然后再去登高望远，让自己有新的开始。

说到底，哪些山值得爬呢？

就游学的角度而言，我们攀登的山不仅仅是作日常锻炼之用的城市周边的风景点，而应放眼全国，选择历史文化名山。对于中国人来说，俗语中的"三山五岳"是最佳目标。"三山"是黄山、庐山、峨眉山，"五岳"是东岳泰山、西岳华山、南岳衡山、北岳恒山和中岳嵩山。

这些名山历经岁月淘洗，早已承载了中华文明的点点光辉，各自的优美风光也被完全开发，旅游服务资源也很成熟——毕竟我们的目标不是体能训练，亲子登山本就应以轻松安全为宜。

前面提到了李白对黄山的"帮助"，不过，给黄山最高评价的还是大旅行家徐霞客。当他游遍当时的名山大川后，写了这样一段："薄海内外之名山，无如徽之黄山。登黄山，天下无山，观止矣！"这句话被后人引申为著名的"五岳归来不看山，黄山归来不看岳"。

我们曾经有过数次路过黄山而不登的经历，直到 2014 年的春节，我们才登上了海拔 1860 米的光明顶。

具体的路线和心得我就不说了，重要的一点是，黄山的冬季有美丽的雪景和雾淞，怪石则因雪的覆盖而更显嶙峋，冬天更是黄山一年四季中云海出现最多的季节。那次，我们在黄山就看到了雾淞，雾凝聚在树木的枝叶上，而形成白色的冰晶，闪烁在阳光下。

登黄山还有一个让我们印象深刻的事。我们晚上下山时，按原计划是要坐缆车下山的，可是到了缆车站，等候下山的游人密密麻麻，问了下说要等 3 个小时，4 个大人 4 个孩子一起商量是否可以走下山的时候，6 岁的女儿第一个响应，真是初生牛犊不怕虎啊，走下去有 16 里地呢！其他的孩子也不示弱，纷纷同意，只苦了我这个中年男人了。但是我们也甘当榜样，随着孩子们一起下山，平添了夜走黄山的佳话。一开始，我们还讲故事、唱歌、玩游戏，走到七八里的时候开始慢慢安静下来，把体力和精力用来对抗疲劳。

还是用李白的一首《夜泊黄山闻殷十四吴吟》来对黄山这一小段做个小结吧：

昨夜谁为吴会吟，风生万壑振空林。

龙惊不敢水中卧，猿啸时闻岩下音。

我宿黄山碧溪月，听之却罢松间琴。

朝来果是沧洲逸，酤酒醍盘饭霜栗。

半酣更发江海声，客愁顿向杯中失。

2015 年春节，我们去了庐山。庐山的开发在各座名山中最为发达，所以我们把庐山游定位成休闲登山了。于是，我们一口气就驾车到了牯岭街，在半山腰的宾馆里安顿好，然后漫游庐山美景。

庐山上真的有特别美好的地方可以慢慢游，比如名字就很美的"花径"。从牯岭街的街心公园出发，沿大林路西行，便到如琴湖，此湖因湖形如琴而得名。湖中有曲桥、亭榭、花径。花径曾是庐山历史上的三大名寺之一的大林寺的所在地。没去过的人，我们可以用白居易的那首《大林寺桃花》给您提个醒：

人间四月芳菲尽，山寺桃花始盛开。
长恨春归无觅处，不知转入此中来。

所以，花径又称为"白司马花径"。

过了如琴湖，雾就起来了。一阵儿云雾缭绕，一阵儿云飞雾散，好似踩于云巅之上。

隐隐约约中，我们看到巨石上有道士舞剑，孩子们就一路小跑过去围观。人多了，那几个"道士"镜头感更足，各种动作不断。庐山本身就是个充满奇迹的地方，当我跟孩子们说全世界只有庐山恋电影院仅放映一部电影，他们的下巴都惊掉了。

庐山的资源很丰富，怎么玩，各自随意吧。我们这一次的目标就是五老峰、含鄱口、三叠泉。大雾之后就是大雨，我们估计三叠泉会更加美丽，于是，就去爬五老峰。

攀爬五老峰对我们是个挑战，那种苍莽横亘在你眼前的震撼感，唯有亲身体验才能感受到。想想南京钟山也号称有虎踞龙盘之势，要跟这里比起来，那只能算是个龙宝宝。这是和胡老师聊天时候说的，抬眼上望，巍峨山峰怎么能不让人想到紫龙呢？

也许只有当人体会过这种在自然面前渺小到几乎不存在的落差感，才能激发出身体里最强悍的斗志，才能创造出"庐山升龙霸"这种燃烧自己的最强招式。我是在当老师的时候看的《圣斗士星矢》，娱乐之余，圣斗士们那种最后拼尽全力燃烧自己，奋力一搏的态度，一度也激发了我奋斗的力量。

从五峰下山，我们去了三叠泉。云雾之中，隐藏着雨，像是金波先生的儿童诗：

> 蓝天蓝，像大海，
> 白云白，像帆船。
> 云在天上走，好像海里漂帆船。
> 帆船，帆船，你装的是什么？
> 走得这样慢。
> 不装鱼，不装虾，装的都是小雨点。
> 雨点，雨点，
> 请你快下来，
> 帮我浇菜园。

好在这个春节不那么冷，否则就成了凄雨冷风了。

比较冷的是庐山的路牌标注的距离——估计是直线距离吧，与我们的步伐总是不合拍。再加上下雨，这一路耗尽了大家的力量，孩子们也玩够了各种走路爬山的专用游戏，这才终于来到了三叠泉下。

老天爷又不知道被谁惹到了，一言不合又开始下雨。不过好在人们看瀑布的时候都盼着下雨，这下也算随了心意。

原路返回后，我们直奔仙人洞、大小天池、文殊台、庐山松……一直走到了石门涧。石门涧不属于庐山管理局，而属于九江县，要另收费。石门涧以深谷、瀑布著称，在天池、铁船两峰之间，窄处不过十来米。过了悬索桥，桥头有两条路，左边通往电站大坝，右边通往石门涧。我们选择了石门涧，全是六十度以上的陡峭石阶，上下一回可不算轻松，不过我们也只是下到了一半，到青龙潭就停止了脚步。再向上望，又吸了一口凉气，这么高啊，一会还要爬上去，这次是真正的挑战了……结果这一路走得过远，导致回头路没力气走了，最后拦了一辆车，回到了庐山电站大坝。

几个孩子一起游学的好处就是在疲劳的时候彼此能有个提醒和"比较"——这种比较是孩子们竞争天性的隐形呈现；还有一个好处就是，孩子多了，可以一路玩着各种游戏，用来对抗疲劳。每次他们还都有不同的主打游戏，登庐山时他们玩得最多的是"时间地点人物行动"，每人轮流说出不同的时间、地点、人物、行动，组成各种"生动有趣"，甚至是有点"生猛"的故事。

要提醒的是，五老峰、三叠泉在庐山东面，这两处景点又是庐山的精华所在。但景点离牯岭也很远，像我们那样安排在中间一天去游玩，然后再返回牯岭并不是最优方案。不过我们的徒步路线是优化过的——先游五老峰，从五老峰的五峰直接下到三叠泉。比先下三叠泉再爬上来的方案要轻松点，也比到了三叠泉后出东门，再从山北公路回到牯岭少花冤枉钱。但是，更好的方案是将这两个点放在最后一天离开庐山的时候游玩为好——从三叠泉下山到三叠泉宾馆处就是车行道，可以自驾离开（可以选择先将车开到此处），不自驾的人也可以坐电瓶车到庐山东门。

西琳寺原为西林寺，苏轼的《题西林壁》就是在这里写的。当年，苏轼游览完庐山后，在这里所作的"不识庐山真面目，只缘身在此山中"几乎是家喻户晓的名句。苏轼那会儿还叫西林寺的，现在则成了尼姑庵，相应的寺庙也改成了西琳寺。西琳寺不是常规的旅游景点，不收门票，香客、游人可以自由入内。

下山的时候雾非常大，前车打着双闪，我们都看不清楚路，真真正正地感觉到了雾和霾的区别。到了山谷，微风吹来，世界立马清楚起来——雾是可以被风吹

散的，换作是霾，那便是不可能的。

2016 年春节，我们去爬了天柱山。天柱山是古南岳，所以这里有岳西县。
很喜欢这座山，很干净。
也让我们心静。

带孩子爬山不只是体力活

谁不会爬山？是啊，都会。那就对照对照，我在下面给出的建议，还有补充的吗？

爬嵩山之前的家庭会议上，我介绍了几条爬山路线，最后选定了从嵩阳书院开始的路线。然后，我和儿子就在路线本上把路线画了出来。让孩子画路线，你没有干过吧？别惭愧了，下次就试试吧！建议买那种细方格本，这样画线和标注都方便些。

我会将我已经知道的关于嵩山的故事、知识梳理一下，阳城—登封的地名变化要说，特别是阳城是夏都的传说、武则天登嵩山改地名的故事要讲。讲故事可是我最擅长的。你给孩子编讲过故事吗？没有的话，那就在下次爬山前准备几个吧！

因为嵩山分太室山和少室山两路，到了山脚下看得更加明显，所以关于太室山和少室山的传说最好留到能看到山的那时候，再跟孩子们说。

当然，要记得把嵩山的高度精确地告诉孩子，以及记得将它和孩子们已经登过的泰山、衡山作个比较。

这些准备会让孩子熟悉要爬的山，某些点甚至可能成为孩子的兴奋点，增加他们的登山兴趣。

爬山开始的注意事项，大家都熟，容我选重要的说几条：

从孩子上了幼儿园开始，你都是鼓励孩子自己系鞋带吧？在山路面前，你一定要仔细检查一番，最好提醒孩子重新系一次。

你做热身运动吗？不需要？才怪呢！热身运动不仅仅是为了活动开全身的关节、韧带、肌肉，更重要的是引导孩子养成这个习惯，把你能记住的学生时代的放松动作都来一遍吧，或者请孩子来当教练吧。

都说上山容易下山难，特别是下山时，腿肚子直打颤。告诉你个秘诀，下山时候步子反倒可以放大一些，会轻松很多。不过，一定要放低重心。

接下来如果是较长时间的休息，不要立即停下来，做些缓和的放松运动，让原本快速的心脏恢复正常。还有让汗慢慢地干，记得买个孩子专用的吸汗巾，贴身挂着，休息的时候拽出来。

看到登山的孩子，不管是正在泄气的、哭闹的、休息的、耍赖皮的，别忘了称赞他。稳重起见，可以这么说："这孩子爬到这么高了，真不错！"想要激情四射一点，可以这么说："哇，好厉害的小朋友，没多大吧？都爬这么高了。"一箭双雕，一语双关，既给别人家小朋友打了针鸡血，又可以顺便撩拨起自家孩子的志气。这些看似细微的鼓励，能鼓舞孩子坚持前行。

最后提示，真的不一定要爬到山顶。特别是刚开始这项活动的时候，培养意志品质很重要，可持续的发展更重要。有些山没能登顶没关系，给孩子留个机会，说不定下次他们会和同学们，和女朋友或男朋友，一起登上去呢。

因为我们总是冬季登名山，那么，冬季登山要注意什么呢？

冬天的各大名山雨雪较多，天气比较寒冷，但也正因为如此，游客人数较少，冬日的山景，像日出、云海、雾凇、冰挂雪松会经常出现，这都是其他季节不曾拥有的美景。但冬天登山要注意：

1．山上气温比较低，一般都是零下几度，而且风比较大，上山前后要注意保温，最好带上轻薄的羽绒服，或者其他的防寒衣服和风雪帽。像是手套、雨披什么的都是必需的。因为在山上的运动量是相当大的，走起来只会热不会冷。但山上风比较大，为了休息的时候不会着凉，羽绒服还是必要的。

2．登山路上常有积雪，路面容易结冰，比较滑，特别要小心。还要准备好拐杖，用来保持身体平稳，防止摔倒。

3．在山顶好景很多，要记得：走路不看景，看景不走路；山上地势险要，要做到拍照不用慌，先对身后望。

4．登山时只要带好适量的水和干粮即可，不要带太多的东西，以节省体力。

5．准备一些适合孩子们的、可以在行进时候玩的亲子小游戏。

6．提前研究好路线，决定上山、下山的方式。孩子们徒步登山的那一段路线路况如何？孩子们是否愿意接受挑战？我们登不同的山选择的方案是不同的，比如登泰山是从中天门开始，全力对付十八盘，登顶后缆车下到山底；登黄山计划是摆渡车上到云谷寺，徒步登山后索道下山。结果索道人太多，我们最终是徒步下山的。

7. 食物。因为物资都是靠人力背上山的，因此山上的食物价格贵也是正常的。不光是从经济角度考虑，也要从"配重"的角度考虑，在背包里装上一些适合的食物也是很不错的，我们常选的食物包括巧克力、牛肉干、火腿肠（鱼肉、鸡肉），还有一些我们比较喜欢的水果。此外，我们一般一人带一瓶水。休息的时候，不要鼓励多喝水来减轻背包的负担，要注意先补充热量再补充水分。

6 黄河入海流

连云港一直到清朝康熙年间才因为黄河多次改道，从东胜郁洲岛变成陆地；我们沿着沿海高速一路南下的时候，从东海到海安再到海门是过去的海岸线，这些孩子都了解和熟悉的地方都和黄河有些关联，可是现在黄河却从山东入海。我跟孩子讲过以前我们的大河是"江河淮济"，这济水又流到哪里去了呢？

这都和黄河入海口的变迁有关系。

而黄河为何被称为母亲河呢？这也与黄河入海口的变迁有关系。

黄河下游的改道给人类文明带来了巨大的影响。黄河下游是中华文明最主要的发源地之一，中国人称黄河为"母亲河"，它每年都会生产差不多16亿吨泥沙，其中有12亿吨流入大海，剩下4亿吨长年留在黄河下游，形成冲积平原。

通过多种阅读材料和众多的博物馆游学，孩子们知道最早期的新石器文明中的蓝田文明、半坡文明就诞生在黄河流域的渭河。由于受黄河水的冲击，黄河流域的土壤易于耕种，黄河中游6000多年前出现了农耕活动，4000多年前出现了血缘氏族部落，经过与炎帝的争斗后，黄帝取得了盟主地位，融合了其他部族，形成了"华夏族"。

　　现在，我们都把黄河流域认作是中华民族的摇篮，称黄河为"母亲河"——精神上的母亲河。从夏开始的中华 4000 多年的历史中，定都于黄河流域的历史绵延 3000 多年，八大古都中的安阳、西安、洛阳、开封和郑州都在此区域内。殷都（也属黄河流域）遗存的大量甲骨文，开创了中国文字记载的先河。

西安（含咸阳），自西周、秦、汉至隋、唐，先后有 13 个朝代在此建都，历史长达千年，是有名的"八水帝王都"。东周迁都洛阳以后，东汉、魏、隋、唐、后梁、后周等朝代都曾在洛阳建都，历时也有 900 多年，洛阳因此被誉为"九朝古都"。在相当长的历史时期，中国的政治、经济、文化中心一直在黄河流域。黄河中下游地区是全国科学技术和文学艺术发展最早的地区。公元前 2000 年左右，流域内已出现了青铜器，到商代青铜冶炼技术已达到相当高的水平，同时开始出现铁器冶炼，标志着生产力发展到一个新的阶段。在洛阳出土的经过一系列处理的铁锛、铁斧，表明中国开发铸铁柔化技术的时间要比欧洲各国早 2000 多年。中国古代的"四大发明"——

造纸、活字印刷、指南针、火药，都产生在黄河流域。从《诗经》到唐诗、宋词等大量文学经典，以及大量的文化典籍，也都产生或者兴盛于各个朝代的文化中心。北宋以后，全国的经济重心逐渐向南方转移，但是在中国政治、经济、文化发展的进程中，黄河流域及黄河下游平原地区仍处于重要地位。

从兰州到东营，黄河沿岸有白银、中卫、银川、石嘴山、乌海、鄂尔多斯、包头、呼和浩特、吕梁、临汾、运城、榆林、延安、三门峡、洛阳、焦作、郑州、新乡、开封、聊城、泰安、济南、德州、滨州、淄博等大中城市。我认为有几个节点城市特别值得作为游学目的地，包括入海口的东营、开封、三门峡、壶口、包头、银川、兰州、玛多等地。

东营是中国最新的土地——是黄河改道的产物，正是因为它的出现，济水消亡了。此外，在东营的胜利油田有我的结拜大哥胡

子老师，于是这片神秘的土地成了我们想去的地方。我们多次去过东营，去黄河入海口看那一片湿地：各种鸟儿以及黄河的波、渤海的浪；去看石油有着怎样的勘探、开采、运输、储存过程……

每次去东营随处可见的"磕头机"一直伴随着孩子们的惊叹声，儿子从小时候的兴趣盎然到慢慢对此习以为然，接下来，女儿也将经历这个过程。

东营的铁路交通不是很方便，因此长途客运就很发达。我们除了自驾外，还坐过高速大巴以及从济南开来的火车慢车。

东营也好，徐州也好，里下河也好，都是黄河母亲河游学路线。在中游路线中，我们去延安，去壶口瀑布，去领略黄土高原，去感知能把海上仙岛"夷为平地"，能在东营推出大片土地的泥沙来自哪儿；去了解黄土高原的贫瘠带给人们的苦乐。我们还组织了一次童书捐赠活动，给延川的一所小学带去温暖，我们还去给孩子们读绘本、讲故事……

第三条线是黄河上游行。黄河上游指黄河源头至内蒙古河口镇，目标是年保玉则，那儿是黑颈鹤南下过冬时的中转站。黑颈鹤是一种高原禽类，每年夏季会成群结队地飞来青海年保玉则的湿地，在这里孕育宝宝。每对黑颈鹤夫妇一般能产两个蛋，但往往只有一只小鹤能活下来。到了冬天，黑颈鹤又会成群结队飞往南方过冬。因为气温上升等各种原因，黑颈鹤越来越少了……对于黄河来说，上游的水可不是黄的，不仅不黄，而且还是清澈见底的，是孕育了无数生命的源头。

黄河这么长，却只有三个湖泊，河源区有扎陵湖和鄂陵湖两个地质构造湖；下游有东平湖，也就是《水浒传》中的蓼儿注。像这样的与黄河有关的特定地点，我们也会在游学中尽量去一趟，这样的点会让整个游学过程变得丰富和有趣。

119

其他的游学点比如郑州的黄河博物馆，一定要去一趟。首都博物馆 2015 年有"南水北调"专题展，我们去参观了，对水利工程有了一些初步的了解。三峡大坝、三门峡、红旗渠也是要去的游学目的地，把这些点串起来，也是一个很好的"黄河水利"主题游学。

第三篇 游学实务篇

1

第一章　📍 框架

> 在旅途中，孩子们会遇到很多好玩的事，有自己的乐趣，今年他们都带着自己的桌游。同时，他们还会写"日课"、绘画，回来后做 PPT，将各自的门票分门别类地收入资料箱，学会自我管理。时间上，大概玩到初八、初九回京，还赶得上北京的各类文化活动，已经订了一些票，比如正乙祠的古琴演出、国家大剧院的男童合唱团、歌剧等演出。
>
> ——《现代教育报》记者　娄雪

说到游学的框架设计，不得不说"道、法、术"。

"道"是事物发展的本质规律，"术"是事物发展的具体路径。本只有一个，路可以有很多条，就像我的教育理念"慢、看、玩"一样，我们能够理解家庭教育之道，那么遍地都是路，吃喝玩乐都可以成为路径。框架就是如此，领悟了本质，就不会拘泥于各种实践、各种方法、各种理论，而可以用自家最熟悉、最贴近自己孩子的方式上路，奔向幸福美满的教育生活。

当然，我的框架设计也经历了一个从无序到有序，然后再从有序到无序的过程。既有野蛮生长，随意、任意的尝试，也有符合本质的"无招胜有招"的慢式设计。我在这个过程中，也在不断地生长、吸收、调整。我的经验概括起来，就是"分分合合、放下不表、我要和你不一样"。

"分分合合"可不是《三国演义》里提到的"分分合合"，而是先借鉴各种"散"，经过慢思考拧成一股，再将这经我提炼过的一股，分散开来。"放下不表"不仅包含不要去赶景点之意，也包括这样的情形：如果我们因为孩子太有兴趣的原因，在博物馆等游学点花费了超过计划的时间，我们完全可以做些舍弃，对计划进行一些调整。"放下不表"的做法对于习惯旅游的人来说非常难。毕竟他们是在旅游，而不是游学结合的生活。"我要和你不一样"则比较简单，就是在规划和实施的时候，考虑到目的地的特定价值，适当地换几个角度进行价值重组。像是冬季爬山这样的安排就和许多人喜欢在旺季旅游的想法不同；还有，很多人亲子游都是没有主题的，而我们基本都会设定好一个主题，这也是和大家不一样的。

这三个策略中，我认为"分分合合"是最难的。比如"长江诗歌路线"，我们一家先解决学的组件——传统文化、诗歌诵读、喜爱的诗人……想好这些问题及其定位，找到彼此的边界，实现合理的拆分。而"合"就是根据自己一定的教育之道，以及孩子每个阶段的具体要求、需求、目标等，把各个分支系统像乐高那样组装起来！

相对而言，第一阶段的拆分更加困难。

我曾经与一位很优秀的重点学校的主任聊过我家的游学情况。她认为，我的综合能力是很多家长所不具备的。我想，这个能力就是指"分合"的能力。拆分是需要技巧的，合理地拆分才能合理地整合——这正是乐高的高明之处。拆分得越科学有序，整合的时候才更柔软更人性化，更符合孩子的心理需求和父母所期望的学习需求。更可以因需而变，实现快速、敏捷的合。举个例子，海岸线之行，因为有单次、单点的海滨城市游学，孩子们喜欢去海滨，而我知道不同的海滨有不同的特色，这些特色与一家人的生活、阅读、玩等各方面都有吻合之处，因此才能很容易地组合成不同的四段路线，而且这都是与孩子们一起规划出来的。如果随意混合，父母也搞不清楚到底要游学什么，弄得大家玩也玩不好、学更是学不到。只好回到原点，重新架构。

好的架构像诗歌、像散文，形散而神不散，表面是旅游，看起来有点儿混乱，实则高度有序，内在衔接完美。现在推"全民阅读"，又有提高阅读量和阅读能力的考试要求作为导向，读万卷书看来要成为易事，而行万里路却有难处了。尽管现在交通便利，达成万里路的物理距离容易，但真正收获行万里路应有的体验却很难。前一段时间我处理工作关系时，与同事们大谈特谈"好玩还是不好玩"才是我们做儿童教育、推广阅读的重要判断标准，大家一致认为如果不好玩干脆就别做了。除了我的教育理念中的"玩"外，"觉得好玩"也是进行各种活动的重要心理动机。

比如，听故事是孩子的天性，而孩子对听故事的喜爱，是不是也造就了会讲故事的父母呢？要知道，旅游中的故事、传说不仅是对名胜景点的一种"阅读"，而且让死的景点充满活力，有时候还会赋予其穿越千年的魅力。

结构上可分为"游"和"学"两大系统。

游学系统

游　　　学

孩子　　　父母

对于家庭成员——孩子来说，最怕的就是将游学安排得过于复杂，"游"与"学"之间的逻辑混乱，超出大人孩子理解的底线，孩子们跟不上，也就意兴阑珊、兴趣寡然。因此，游学路线的设计要力求概念清晰，容易理解，方便拓展。

对于家庭成员——大人来说，怕的是学习内容过多，准备过多，自己"学"的素养不够（少、不专业），希望自己已知的知识足够应对孩子随时随地的发问。

"游"的难点可以靠物质解决，目的地的诱惑力，以及有助于孩子能力锻炼的路线、酒店等等。

"学"的难点靠精神解决，当然要建立在有趣有用的基础上，让孩子们在学的过程中拥有自主探究的成就感、实施过程的参与感，以及实现了学习目的后的满足感。

要强调的是，对于亲子游学而言，游学架构首先是为幸福家庭服务的，是为人服务的，简单清晰、容易理解和实施的设计，才能符合"有趣有用有益"的原则。

像我这样的"游学设计师"说起来只做"分分合合"的事情，但这件事对综合能力要求超高，最好能上知 5 千年，下知 5 万里，内外兼修，能力模型如下：

沟通方式　抽象思维　抓住本质　平衡取舍

全科知识　技术前瞻

出色的管理和服务能力

最难的是既要有广度——全科知识，也要有深度——前瞻性：对学校和社会教育、家庭教育的需求加以吸收，同时，对类似专业但不契合的商业游学服务以及其他类似的家庭教育活动广泛涉猎；消化能力强，能判断各种游学方案的优劣长短；变通能力强，碰到突发情况，很快能有替补方案，且有可以评估、可以讨论，并能快速说服家庭成员接受的能力。

抽象思维是最主要的能力，要善于把各种旅游路线、学习体系概念化，加以吸收后，进一步合并归类，需要高水平的从浪漫到精确再到综合的升华，可以快速从实务中提炼出概念，而透过自己特有的、自家特有的、孩子特有的情况由虚转实，该深挖就深挖，该拓展就拓展。能落地的路线才是好路线。记得最早与悠贝亲子图书馆创始人林丹说这些游学路线时，她赞赏不已，但是担心可实现性。而我对此深信不疑，一步一步、一条路线一条路线地去落实。起初，我们家胡老师也担心我的这些设计过于理想化，因此我们还要具备良好的沟通能力、自信心，确保另一半愿意接受并绝对信任，确保孩子能欣然接受，并毫无疑虑地加以实施。良好的平衡取舍能力则用来对付路径的长短变化，目的地可能会出现的各种状况……以保证在既定计划和预算下的最合理实施。

就我这十年亲子游学经历来看，可以借用一个很古老的境界表达：看山是山，看山不是山，看山依旧是山。也有点儿像我跟孩子们讲读故事一样，刚开始时，旅游的经验占主导，加入学容易僵硬、古板，不得孩子欢心，旅游和学习都成了大山，"横看成岭侧成峰"；随着我综合能力的加强，自驾游的经验和教训的增加，经过对游和学的深入分析，慢慢开始可以设计一条有点儿模样的路线，能把景点和学简单串联起来，能够看清了"远近高低各不同"；之后，再进一步地分析学的体系，分析众多游的目标，发现游学的本质，可以任意组合，不仅仅局限于一个景点和一个学习内容，而是可以叠加了；最后，我们都有了更多的经验，抽象的高度有了，游学的广度有了，心态也平和了，不再纠结于"游"与"学"如何结合、比例如何分配等等，也不再过度追求游学的目的以及"学"的目标的实现数量了，而是更关注游和学结合时候的本质——一次快乐的家庭活动而已。

2 第二章 📍 自驾

我是铁路子弟，特别喜欢坐火车旅行——不过这是在自己年轻的时候，拖家带口的话，最好还是自驾出游。

---------- 车 ----------

我们以自家私车为主，偶尔租车，借车。现在高速路网发达，我们的游学路线都有高速公路覆盖，可以方便到达。当然也有一些目的地需要走国道、省道、县道，甚至是无名小路。可以想象的是，在这些路上，总有当地的各种车混合行驶，因此除非特别难行的山路、草地、滩涂，一般私家车都可以通行。在不同等级的路上行驶务必多留心观察，放慢速度。我们家的车唯一一次受伤就是在连云港出高速到国道的连接线上，被坑坑洼洼的公路给托了底。

在出行之前做一次常规保养，这个应该养成习惯。

备上一桶适合本车的机油。跑长途，环境路况的改变对机油的使用会造成不可预知的影响。我们这么多次游学中,一共出现过三次机油报警的情况。第一次没有做好准备,好在不远处就有"前方2公里服务区"的指示牌,我们冒险行车至服务区。吃一堑,长一智,以后每逢外出,我们都记得带上一桶机油,有备无患。

日常在城市开车,有些项目可以不急,比如换轮胎,正时皮带什么的,在出长途前一定要更换了。

定期更换雨刷器。

载重配比。我们的车还算宽敞,胡老师一般和儿女都坐后排,副驾驶也有做配比平衡。我们一般会买一箱矿泉水放座位前,所有食物以及自带的热水壶、厚重的衣服、最常用的背包什么的也都放在前面。

离开自己的城市后,要选择那"三桶油"的加油站加油。不要贪图便宜,不要贪图方便,不要耗到油箱见底。贪图便宜,贪图方便我们倒是不会,油箱见底的事差点儿就发生了。我们一般只知道自己的车加了多少油、在什么样的路况下可以跑上多少公里,其实也应该知道油箱开始报警后可以跑多少公里。比较好的是在红线未到的时候就加油,但总会有着急、忙乱或者其他特殊情况出现。我们去凤凰古城的那次暑假游,就碰上过这种情况:近40℃的高温,因为对空调使用的油耗判断不准,加上服务区已经关闭,没能及时加油。我们立刻关了空调,匀速前进,在油耗尽前出了高速路,找到了最近的加油站。

---------- 服务区 ----------

现在选择在假日进行自驾游的越来越多,服务区也车满为患。如何避免排长队呢?我在多年的自驾经验中总结了两个方法:

1. 出口加油。所有的出入口要不通往城区，要不连接国道、省道、县道，而这正是各石油公司重点布防加油站的地方，在出口 1～3 公里内总能找到加油站。特别是一年里那几次高速路通行费免费的假日，进出高速路也不会增加额外的支出。即便是在非免费期间通行，遇到服务区加油排长队，也可以利用这种方法。

2. 对面加油。多数服务区会有一条通道通往对面的服务区，就我的经历而言，除非是特别路线，双向车都多，一般的服务区的对面车少，我的十多次经验来看都是如此。所以，一旦看到加油区车多，就去寻找那个通往对面服务区的"秘密通道"吧。

另外，我们一般是进服务区就把孩子们放去方便，由我直接开去加油，也算科学统筹吧。几条高速交汇后的第一个服务区、进出中心城市的服务区，都是要避免落脚的服务区，因为人车都相对较多。

无论各地的油品情况如何，我们都加高标油。我们平时在北京使用 90、92 号油，外地就是 97、95 号油。

---------- 路线 ----------

我在 2014 年以前很少用导航，一来是自信，二来是经常看到同行的车因使用导航出现错过路口、绕大圈等状况。而且我（后来儿子也参与进来）会提前规划好路线，特别是路线中的各个出入、转向节点，我都要画在本子上。在实际的旅游中，利用路标指示牌、仪表盘的公里数，加上对时间估算、参照纸质地图等方法，总体上没出过大问题。

2014 年后，我开始使用手机地图，比较喜欢使用的是百度地图。出发前会更新数据，并提前下载好离线地图和离线导航，以确保在不开移动数据功能的情况下，也可以使用离线地图和离线导航，但有条件的话，还是建议在导航过程中开移动数据功能，因为这样可以实时显示道路拥堵情况和拥堵公里数。

一路上会有很多有趣的"路"

让我印象颇深的是湖南雪峰山的盘山国道，走过那样的山路，其他山路也都不在话下了。

还有，我们在辽东半岛旅行的时候，从北京到沈阳一路上经过 30 个隧道，最长的金山岭隧道为 2392 米。超过 1000 米的隧道有金鼎湖 2 号隧道（1125 米）、何家沟隧道（1199 米）、小贵口隧道（1894 米）、东营子隧道（1280 米）、乔杖子隧道（1815 米）、保神庙隧道（1395 米）、祥云岭隧道（1350 米）、长逢沟隧道（1145 米），小杨树沟隧道（1270 米）。可见这条路是遇山开洞、遇山沟架桥，修筑的难度是很大的。我们穿过隧道时既觉得新奇，又感到快乐，经常是事先观察隧道有多长，找到最长与最短的隧道，然后猜测什么时候可以钻出隧道，看到前方的光亮。

3 第三章 📍 教养实践家

　　李一慢建议家长从孩子丰富的兴趣体验中观察他们的反应,并从中找到"答案"。"孩子经常对新鲜事物都兴趣盎然,这时候就需要家长进一步观察和理性分析。"

　　李一慢介绍:"孩子对某种事物产生兴趣,势必会使他全身心投入,带来美好的情感体验。比如,儿子对太空的兴趣,使他积累了很多这方面的知识,他在分享知识的过程中,得到了大家的赞赏。这会进一步刺激他强化对这方面知识的深入学习,也让他产生了成就感。"

　　"父母要对孩子的兴趣有兴趣,这同样可以感染孩子。"李一慢解释说,"我自己本身对太空等内容感兴趣,发现儿子对此感兴趣后,我非常高兴,跟他互动时也特别有劲,共同的读书学习是最好的亲子活动。"

　　适当的奖励也可以调动孩子的积极性。李一慢也指出:"很多亲子互动的体验都可以当作奖励,比如赞赏的拥抱、亲吻,一起读书、游公园或参观博物馆等。"

　　——《参考消息·北京教育》记者　凌云

　　本篇第一章提到,游学是用双脚去阅读,用双眼去体验,对我们而言,是"慢、看、玩"的教养实践。

　　体验家教需要爸爸妈妈有框架设计,要设计出一系列相互关联的矩阵式活动,让孩子们主动自发地去感受，领悟，吸收。毕竟很多事物是无法透过图画、文字、影片等方式让孩子们了解的，比如尊孔、祭礼，不在那个环境中是无法感受其氛围并让其深入心灵的。所以，我们开始诵读经典，开始给儿女介绍儒家思想和儒家经典，并第一时间带着他们去曲阜祭拜孔子。

我的中学生活中，有几件事情令我记忆犹新，其中一件就是我们的地理老师带领我们沿着海边、爬山去学习岩石风化、陆地变化等地理知识。

对于爱看书的孩子来说，游学可以达到事半功倍的效果。比如我们说祖国地大物博、幅员广阔，这在每次我们冬季出游去南方的时候，都深有体会。我们常常会感叹从南方回北京这一路上窗外景色的变化。事实上，在这一路的过程中，我们完全可以给孩子们讲一讲地理上的南北分界线。

我们在书本上看过梯田，但是没法理解那一圈圈大小不一的水田到底是如何形成小小的自然生态环的，所以我们在去桂林游学的时候，专门去了一趟龙胜梯田，上上下下，东转西逛，好好"研究"了一番梯田。

我家有个小鱼缸，在几次养鱼失败后，这里成了各地石头的储藏地，有包头、东营黄河边的石头，有南京、马鞍山、天门山、赤壁长江边的石头，有盘锦辽河边、鸭绿江边及泰山、嵩山捡来的石头……

花花草草也是容易让孩子赞叹和感叹的事物，在厦门我们都对鸡蛋花产生了较大的兴趣，因为我们玩过"说花"的语言游戏①，四个人你一句我一句地说"不是花的花"，其中就有蛋花，可是这次真的是有蛋花了，这对我们之前的游戏不是一个颠覆吗？孩子们感叹起来，那会不会也有叫泪花、爆米花的花呢？

说到"不是花的花"，我们在路上还经常说的一个口语游戏是"是什么人的什么客""是什么人的什么者"，比如乘客、旅客、游客、刺客、侠客、说客、政客、黑客、过客、食客、堂客、房客、看客、宾客、座上客、文人墨客、不速之客；笔者、编者、读者、患者、记者、强者、儒者、弱者、使者、学者、著者、作者、行者、胜者、败者、挑战者……

这样的语言游戏既可以让汽车旅途变得有趣，又可以在依次问答中增广见闻，同时也是一种对联想能力的训练。

这些旅途见闻、语言游戏、特定的游学经历，都可以让孩子们积累不同的经验，引发联想式的记忆，将书本知识与自身体验结合，同时开发脑力，帮助孩子将经验转化为自己的智慧。

适当的路途变化、生活环境变化可以提高孩子的适应力。突然到一个新的环境中，对于成人来说也是一个挑战。而游学的目的地对于孩子们来说，虽然是陌生的，但仍是向往的，他们会带着期待去往这些陌生的地方，甚至与陌生的人打招呼，次数一多，就容易让孩子快速融入新环境。有时候，我们看不出来这种能力究竟与游

---

① 注：我们经常说到的"不是花的花"加强版本：
烟花、蛋花、心花、浪花、雪花、绣花、窗花、插花、腰花、牙花、印花、刨花、葱花、灯花、菜花、火花、昏花、探花、天花、礼花、泪花、蜡花……你们还能想到什么花？

学有多大关联，但我们通过游学，可以肯定孩子们的环境适应力是远远超出我和胡老师的。

游学中我们也会三五成群，最多的时候有十多个岁数不一的孩子在一起，这便成了特殊时空下的小小社会的缩影。孩子们之间沟通，融合，对立，每一个人都有展现自我的机会，我们正好可以就此观察平日里我们很少见到的集体生活中的孩子的状况。

孩子需要安全感的建立，尽管在游学的氛围下，孩子们容易形成一个融洽的集体，但是意见不一致的情况也时有发生，此时正好是孩子们探索与人交往规则，建立自己底线的最佳时机。在磕磕碰碰中，学会妥协与忍让，学会坚持自己的意见的同时也要照顾大家，经过这个过程，孩子们会变得更加大方得体。我女儿的经历就是很好的例证。在三四岁的时候，女儿在建立自我的过程中，有过短暂的"躲避"现象，现在，在经过几次人际交往挫折并积累了一定的应对经验后，完全变成落落大方的小姑娘了。

游学中还有一种"学"无法归类到上述各个路线中，那就是孩子的基本能力的学。我是认为儿童的观察力、想象力、表达力是很重要的三个基本能力，在游学中这三个能力都可以得到开发和训练。

在外出游学时候，我们四个人都有着明确的分工。出发前，我和儿子负责路线规划、设计，写出计划书、做出日程表，胡老师和女儿负责准备物品，特别是各种证件，并提前购买好食品；旅途中，我因为做司机的关系，就没有参与各种后勤工作了；胡老师负责旅途上的财务支出，过路费、加油费、停车费什么的；她还要负责给我提供食品饮料，特别是我困乏的时候要给我提神物品；胡老师和儿子都各自带上一本笔记本，胡老师记录一路上油耗、路况及发生的有趣的事情，儿子则记录实际方案与计划方案的不同，如果走高速的话，还要记录出口处和到服务区所需的公里数，以便下次行走或者帮助朋友和网友。饮料、食物经常会碰到"短缺"和无法均分的情况，分享教育也就自然发生了——"哥哥，这个你吃吧！""慢点，要留给爸爸！"

慢慢地，孩子们开始自己分担一部分的游学费用。我们定的是父母承担 80%，他们承担 20%。有人会问，孩子们的钱从哪里来呢？呵呵，现在城市里的孩子少得了压岁钱吗？此外，我们还提供一些让孩子挣钱的机会，帮助洗车，回收废品，制作和销售手工艺品什么的，特别是我每次写文章著书的稿费都会分给他们——因为其中写到了他们。后来他们也有作品发表，有了自己的稿费。

有了钱，就得会花钱。兄妹俩在外地经常看到自己喜欢的东西，我们也慢慢形成了一些"财务制度"：每人可以选一个旅游纪念品让爸爸妈妈来买，要是还想要第二个的话就得花自己的钱了。我们也会做些变化，比如儿子越来越喜欢一种我们大人看起来不那么高大上的旅游纪念品——折扇，开始他要买的时候我们还试图反对，后来发现这些折扇有"文化"：避暑山庄折扇上印有清朝历代皇帝，瘦西湖折扇后印有八大山人，武赤壁扇子上印有《赤壁赋》，文赤壁扇子上有《念奴娇·赤壁怀古》……这何尝不是拓展阅读呢？女儿喜欢各种好看的梳子，同样我们觉得梳子太多了，起初不同意买，后来发现各种梳子除了材质不同（牛角的、桃木的、玉石的、楠木的、骨头的、贝壳的），还有别有新意的京剧脸谱的梳子，"最忆是江南"的三潭印月梳子……这何尝没有文化底蕴呢？

更何况，这些小小的物美价廉的纪念品日后也会成为记忆的一部分，成为一家人幸福时光的吉祥物。

既然这样，那就买吧。

同时，既然是自费，他们就会有更多的思考。特别是哥哥，很多次有了购买冲动后都会经过一番思考，最后买自己最喜欢的那一个。妹妹则与之相反，只要是看一眼喜欢上了的基本上就要去购买，但考虑到财务制度的种种限制，她最终也不得不做取舍。偶尔，她还会央求哥哥给她买，哥哥总是念叨着回去要还钱。事后妹妹有没有还，还真不清楚。但这不也成了兄妹俩的共同生活、共同乐趣吗？

多带孩子游走，就可以真切地发现孩子的兴趣，也会发现孩子兴趣喜好的发展路径，我们可以为这些路添砖加瓦，再为这些路开辟支线。我们还可以随着孩子自由奔跑，让他们带着我们寻找兴趣的王国，最终我们会发现，原来有这么多有趣的好玩的地方，我们都还不知道！

整个世界都可以是孩子的教室！

在"龙的传人"那一章，介绍了"东经120度标志塔"，除了东经120度塔这样的游学点，还有几处有意思的标志塔值得关注，包括北回归线标志塔、中国公路零公里处、秦岭淮河南北地理分界线等。我自己去过广州从化的北回归线标志塔，我们和孩子们去过全国公路零公里标志和淮安南北分界标志园。

北回归线经过地球上16个国家和地区，这些国家和地区多属沙漠和草原地带，如北非的撒哈拉沙漠、阿拉伯半岛的阿拉伯沙漠、南亚的塔尔沙漠、北美的墨西哥沙漠等等，出现所谓"回归沙漠带"，唯有经过我国云南、广西、广东、台湾四省的地区，却是另一番景象。这一带林木繁茂，郁郁葱葱，雨量充沛，物产丰富，人们称之为"神奇的回归绿带"。

北回归线本是看不见的一条假想线，但现在建立了标志塔，就使得人们能够直观地看到北回归线的客观实体，感觉到这条纬线的存在，也引领孩子们看到了这"看不见的线"，并且一下子可以与地理知识、与世界联系起来。我国在北回归线经过的地方——台湾的嘉义、花莲，广东的汕头、从化、封开和云南的墨江，都建起了标志塔。我曾经去过广州从化的标志塔，塔顶有一球，每年夏至日正午（12时26分），太阳就会直射球中圆孔，把光点投影到塔底球面的铜柱点上，此时人立于塔下则不会有影子。

嘉义的北回归线标志碑建于 1908 年，即清光绪三十四年，是我国最早建立的北回归线标志碑。

中国南北地理分界线标志园在江苏淮安古淮河上，标志物为一个微缩地球，位于红桥中间的位置，也是河道中心线的位置。球体分为南北两个半球，北侧为渐变冷色调，南侧为渐变暖色调，寓意地球上的南北气候特征。

但是淮安这个不是最早的，耸立于安徽蚌埠龙子湖西畔的南北分界线标志，是中国最早建立的南北地理分界线标志设施。此外，西边的秦岭上也有一处南北分界石碑。

内蒙古草原上的风力发电厂、胜利油田、开滦煤矿、连云港码头、地铁车辆段、119 报警中心、金陵刻经处、800 度的高温瓷窑……我们去的这些不收费的游学目的地都有着活生生的教材。悠闲的午后，带着儿子走在废弃的城市铁道；紧张的课后，拉着女儿去消防博物馆。他们一路走一路玩，一路看一路聊，没有什么比这更好的"学"了。

儿子发现了铁轨上的铸造年代，他提出了疑问：这是不是很老很老的铁轨？那是什么时候修建的呢？这条铁路又通向哪里呢？他有了这些疑问，正好给了我们顺水推舟说故事的机会。于是，詹天佑、京张铁路这些原本枯燥的内容就在我们牵手走过百年铁轨的路上被娓娓道来。

从小，我们牵孩子走路的时候，都会唠叨路边是什么花什么草，而孩子经常记不住说不出，我们也从不着急。可是当孩子慢慢长大，总是会冒出这个花那个树——他有更多的直接或间接的经验，并会将这些与我们曾经有过的聊天联结起来。这样的过程本身就是对倾听、思考、观察能力的小小锻炼。

我们在南阳卧龙岗的时候，发现绿地里设立的八卦居然排错了顺序，虽然那

个时候，他们还没有开始阅读与《易经》
有关的内容，但回京后没多长时间儿子开
始张罗着要看看《易经》了。是因为有游
学的经验，我发现女儿尽管还没有要学习
了解《易经》的需求，但也开始对我们共
读《易经》入门饶有兴趣。

　　我们在游学中已经关注到了建筑，关注
到了民居，其中，"名人故居"，特别是文学
家的故居，成了我们游学中的一重点。
　　在帝都，有的名人故居成了博物馆，比
如阜成门内的鲁迅博物馆、新街口豁口内的
徐悲鸿纪念馆、护国寺旁的梅兰芳故居、东四十条的欧阳予倩故居、金融街的齐白
石故居……帝都的名人真的很多，我们可以尝试在一些周末进行短暂的关于"名人
故居"的休闲游学。

　　在外地，我们在主要的游学计划外，也经常去这样的地方，有时候也会有偶遇
的惊喜。比如在烟台山公园，我们一不小心看到了冰心故居，大家非常有兴趣地去
瞻仰了一番。还有天津的曹禺故居、青岛的老舍故居、扬州和温州的朱自清故居、
北京的鲁迅故居、老舍故居……

　　说说青岛的老舍故居吧。
　　老舍是北京人，故居也在北京。青岛的这
处宅子是老舍先生在青岛任教时的住处，老舍
先生当年就是在这里写出了《骆驼祥子》这部
长篇小说，所以这里也挂有骆驼祥子博物馆的
牌匾。展馆也是以骆驼祥子各种资料为主。

该故居的位置不大好找，位于一条小胡同内，游客也不多。这里是不收取门票的，我们来的这天还碰巧赶上了大学生义务讲解。

这些名人当年也是游走于天下，特别是会去那些随时代发展而各具特色的城市。

在海岸线的游学中，因为海滨城市的特殊性——总是容易被海外强国看中，也成为各国文化的交会之处。这样的城市从南至北有广州、厦门、福州、温州、宁波、上海、青岛、天津、大连、哈尔滨等，这些城市也都成了"建筑博物馆"，而且在中外文化的交互中，留下了不同的文化遗迹，值得多次游学。

上海、天津和青岛就是我们反复去过多次的城市，外滩、五大道和八大关都非常值得去走走看看，进行"微信运动"。

像名人故居这样横向打通的游学路线，我在实践中发现、慢慢积累的还有好几条。比如"古代衙门"：八大古都中当然会有很多中央机关的遗址，比如故宫紫禁城，是帝国的权力中心；还有沈阳故宫，虽然不可与故宫相比，但也是难得保存完好的皇宫建筑群，此外沈阳故宫里有仿照明代宁波天一阁而建，专门用来收藏《四库全书》的"七阁之一"的文朔阁。

北京还有类似的很多文物点，我对其中的"皇史宬"很有兴趣，去一趟就可以大致了解我国的档案管理制度。我国早在秦、汉时期，就有"金匮石室"的档案管理制度。"金匮"，即铜制的柜子；所谓"石室"，就是用石头砌筑的房子，其目的均是为了防火，让其保存的各朝皇帝的"实录""圣训""玉牒"之类的珍贵档案，能永久地保存下去。历史上各朝各代都建有这类档案库，但多数已毁，只有明清两朝的皇史宬被完整地保存下来，这就是"和你不一样"的独特性。

我们还去了南京夫子庙的"贡院"——历史上最大的"高考考场"，现在也被改建为中国科举博物馆，成立了中国唯一以科举考试为内容的专业性博物馆。

还有前文提到过的各级衙门我们也都去过。省级机关如保定的直隶总督府，地市级机关如南阳知府衙门博物馆，县级机关如前面介绍过的浮梁县衙等，还有一些军事指挥所在，比如蓬莱有明代的"备倭都司府"。

除了人文、历史，就游学目的地的"地"来说，很多都是地质公园，世界级的或者国家级别的。我们去过的有内蒙古克什克腾、江西庐山、安徽

黄山、福建漳州、云南大理苍山、河南嵩山、湖南张家界、天津蓟县、河北涞源白石山等世界地质公园，以及北京市石花洞、北京十渡、苏州太湖西山、山东东营黄河三角洲、河北涞水野三坡、辽宁朝阳古生物化石、湖南凤凰、安徽天柱山、辽宁大连滨海、湖南古丈红石林、山东泰山、郑州黄河、山东沂蒙山、北京密云云蒙山、唐山开滦煤矿、承德丹霞地貌等国家地质公园或地质矿产公园。

这些游学目的地的"学"的意味更浓，完全可以在孩子特别放松的游学路途中"顺便"去一趟。

4 第四章 📍 博物

博物馆是我们经过任何城市都会愿意去看一看的地方。我即使是在一个人出差的时候，也会抽出时间去博物馆踩点，以便更好地为全家出动做准备。现在，博物馆已经成了重要的游学目的地了，更多的家庭做了这样的选择。

你们是怎么看待博物馆的呢？我们对博物馆的态度直接决定了我们是否愿意经常带着孩子逛博物馆。逛博物馆需要父母有专业的知识吗？这个问题也常常困扰着想带着孩子去博物馆的大人们。别忘了，博物馆是传播专业知识的地方，是我们学习的场所。早在 1933 年，当时的国立中央博物院（现南京博物院）之初，提出了这样的建院宗旨："为提倡科学研究，辅助公众教育，以适当之陈列展览，图智识之增进。"所以说，我们来博物馆就是为"增进智识"的。

博物馆藏着人类的文明，藏着人性的美，藏着人们的生活，可是我们当中很多爸爸妈妈并没有养成去博物馆的习惯，也就很难将这份美好传递给孩子。

博物馆与我国古代的藏宝阁、藏珍楼类似，而与古代珍宝多用于私家品鉴或皇家宫藏不同，博物馆旨在对公共文化进行展示。博物馆是在洋务运动时期开始在国内出现的，待辛亥革命推翻清王朝后，才得以登堂入殿。截至 2016 年 5 月 18 日博物馆日的资料，全国共有博物馆近 5000 家——要是每周去逛一座博物馆的话，需要 100 年才逛得完啊！

北京的博物馆数量和质量都是第一流的，共有 178 家博物馆，同样是每周去一座，也需要 3 年啊！可是有谁能做到每周去一次博物馆呢？我们目前也刚刚达到年均 12 次而已。我们最常去的有国家博物馆、首都博物馆，前者代表着我国高水准的展览、收藏和研究水平，后者在北京的众多国家级博物馆中其实算不上突出，但是好在它会定期临展，总有适合全家共赏的展览，而且离我们家较近，因此，我们每个月都去一趟。

我们去过的博物馆包括故宫、国家博物馆、军事博物馆、电影博物馆、铁道博物馆、地质博物馆、民族园、建筑博物馆、戏曲博物馆、动物博物馆、古生物博物馆、自然博物馆、植物园温室馆、艺术博物馆、石刻艺术博物馆、长城博物馆、钱币博物馆、邮政邮票博物馆、电信博物馆、世纪坛艺术馆、印刷博物馆、百工博物馆、警察博物馆、消防博物馆、天文馆、古观象台、西周燕都遗址博物馆、十三陵博物馆、金中都博物馆、辽金城垣博物馆、山戎文化陈列馆、郭守敬纪念馆、历代帝王庙等 30 多座博物馆。去得最多的就是首都博物馆了。

每年我们都要往返北京——连云港这条自驾路线，孩子小的时候我们恨不得一口气开到目的地，现在孩子们都大了，我们会特意在路途中的某个城市落脚，目标只有一个——就是这个城市的博物馆。这样的博物馆我们去了青州博物馆、潍坊博物馆、淄博博物馆、中国足球博物馆、蒲松龄纪念馆、沧州杂技博物馆、徐州博物馆、汉像石刻博物馆、天津博物馆、东营历史博物馆、孔府、孔庙、孔林、山东大学博物馆和山东博物馆，当然还有连云港博物馆。

我们的其他游学路线也会把博物馆当成其中的一颗珍珠，而且很多当地的博物馆就是实践游学目标的重要场所。我们去过的博物馆有清朝探秘之旅中的故宫博物院、十三陵、中国建筑博物馆（先农坛）、天坛、地坛、月坛、日坛、东陵、西陵、北陵、福陵、永陵、承德避暑山庄博物馆、朝阳博物馆、辽宁博物馆（成立于 1949 年，是新中国第一座博物馆）、大连博物馆、潜艇博物馆、旅顺博物馆、葫芦岛博物馆；海岸线游中去过的有烟台博物馆、青岛博物馆、连云港博物馆、南通博物苑、上海博物馆、浙江博物馆、宁波博物馆、温州博物馆、厦门博物馆；三国游中的有镇江博物馆、南京博物院、安徽博物馆、九江博物馆、安庆博物馆、黄冈博物馆、荆州博物馆、襄阳博物馆、南阳博物馆、许昌博物馆……

其他我们去过的博物馆还有中国妇女儿童博物馆、上海儿童博物馆、中国文字博物馆、殷墟博物院、唐山地震博物馆、长沙简牍博物馆、晋祠博物馆、保定都督府、苏州博物馆、杭州工艺美术博物馆、开封博物馆、周口博物馆、徐悲鸿纪念馆、曹禺纪念馆、中山陵……

博物馆里看什么呢？

当然是看国宝。国宝分布在各地的博物馆里。到底什么是国宝呢？一般认为是国家一级文物，特别是上了名单不能出国门展出的那些。我就分别举国家级、省级和地市级博物馆各一个例子吧。

说到国宝，孩子们都会有兴趣，我们去国家博物馆最多的就是看国宝。胡老师买了一套书《国宝的故事》，我们在亲子共读的时候已经做了渲染，然后在博物馆里看到实物，觉得很是亲切，更可以加深对国宝的了解和认识。

国博里的国宝最多，比如说司母戊大方鼎，我们在殷墟看过复制品，听过国宝的迁徙路线，最后在国博里看到，真的感慨万千。胡老师借机介绍了计划时代各地对于国博的支持——要是放到现在，各地恨不得把这些宝贝都留在自己的城市呢。

山东博物馆里有件夫差青铜剑，越王剑闻名天下，这样的越王剑据说当年共有七把——现在各地收藏的都不止七把。

山东博物馆的国宝既吓人，又可爱，名字也不那么文艺，叫"丑钺"。当时看的时候也没怎么注意到它，类似的钺我们是见过一些的，这个也不是那么稀奇。不过，因为山东博物馆使用了最新款的可以自动感应文物编码的解说机，儿子靠近丑钺的时候，解说机猛地就开始了语音介绍。"啊，这里有一个镇馆之宝！"儿子轻声招呼我们去看，也将周边的人都吸引了过来，一下子就围了起来。女儿感慨地说："这么大的山东博物馆真不知有多少国宝，还是旅顺博物馆好，把国宝放一块做专门介绍。"

是的，旅顺博物馆有个特殊的展室。不大，就叫"每月一宝"展室。我们去的时候，介绍的是一把弓箭。一间单独的展室、一件国家一级文物、一个月的展

期……不过说到底，人家得有许多国宝才行，像有的博物馆就一个独苗摆在最醒目的地方，哪里还需要一个单独的小展室？

旅顺博物馆自己本身也是文物，与故宫博物院一样，头戴中国一级博物馆、国家重点文物保护单位的"双料桂冠"。建于1915年的这些洋楼最初是俄军俱乐部，还没建完就被日本接手改为"物产陈列所"，开始有点博物馆的意思了。1945年又由苏联接手，直到1951年交还给我国。这些建筑以西洋风格为主，又兼有东方味道，存在已有百年之久，本身也就成了国宝了。馆藏文物多达6万件，其中近3万件为国家三级以上珍贵文物。我们细细观看了之后，发现有两个特点：一个特点是新疆文物特别多。有上万件呢！看了介绍才知道原来是100年前日本的文物猎手大谷光瑞辗转运送到旅顺的新疆历史文物。这些文物被专门收藏在占地面积约600平方米

的"丝绸之路文物展馆"里。另一个特点是国宝特别多。国宝级文物超过 200 件！除了当时特别介绍的青铜剑，还有来自新疆的唐朝干尸（共 10 具，日常展出一男一女各一具），用人的头盖骨、水晶、黄金做成的嘎巴拉碗等等。

所以，旅顺博物馆才可以推出"每月一宝"特展。

这样的方式特别好，可以让人们对国宝产生兴趣。记得在随州博物馆，我就差点与国宝擦肩而过了。幸好当时有事要咨询安保人员，那位大哥在非常热心的解答之后，又领着我往回走："我来给你介绍我们馆的镇馆之宝。"旅顺博物馆的国宝展主动出击，迎合我们的猎奇心理——我们愿意被迎合，并乐于接受用文物、文字、图片相结合的方式所进行的对国宝背后的信息和生动故事的解读，及相关运动体验。

说回到山东博物馆，我们之前预测的齐鲁文化主题没有单独的展览，而是分散到常规展览中，原本有个孔子文化专题展也撤了，代之以一个临展——"皇帝眼中的科技"。展品大多来自故宫博物院，有些看过，有些没有看过。在故宫浩繁的藏品中不知有多少需要整合，需要策展……

山东博物馆的三楼有个非洲野生动物馆是我没有想到的，也是特别值得大家去看的，甚至超过有些自然博物馆的展品。这里多楼层的立体设计让孩子们可以从不同的角度、高度看非洲的野生动物们——要仔细看的话，会发现动物还能从墙上"跑下来"。喜欢带孩子"学知识"的爸爸妈妈一定要好好加以利用。

针对这个山东博物馆，建议进馆后直接上二楼，先看齐鲁大地的历史发展——这个展览内容多、文物多、值得看的地方多，会很累。然后上三楼，在走廊座椅稍作休息后，再玩这个非洲野生动物馆。最后，再回到一楼去看。

---------- **博物馆里学自然** ----------

毛泽东主席参观过的唯一一个博物馆就是安徽省博物馆，他当时留下了一句话："一个省的主要城市，都应该有这样的博物馆，让人民认识自己的历史和创造的力量是一件很要紧的事。"虽然我们已经过了"一句顶一万句"的年代了，但是这句话对当今博物馆的发展起了相当大的作用——各地开始实践毛主席的这一重要指示。

当毛主席走近寿县出土的楚大鼎时，他风趣地说："啊！这么大，可以煮一头牛了。"

安徽省博物馆是新中国成立后的第一批省级博物馆之一，那时候的大型公共建筑大多采用苏联风格。

安徽历史悠久，丰富的文化遗产使它位居全国馆藏文物最丰富的地方博物馆之列。经过多年的征集、收藏和保护，安徽省博物馆现有馆藏文物近23万件，其中以商周青铜器、楚国货币、汉画像石、文房四宝、元代金银器、新安书画、徽州雕刻和古籍善本、徽州契约文书等最为突出。在现代艺术品中，著名旅法女画家潘玉良的4000余件作品珍藏于该馆，为国内外所瞩目。

常规展还是特展?

各地博物馆的固定陈列是可以"错过"的，反正长年累月都会在。要是碰到地方上的博物馆有临时展览，务必要先去参观，免得后面因为身体疲劳或时间紧张等因素来不及去看。

2016 年去许昌博物馆的时候，恰好有"乾隆时期的北京"临时展览，对于来自北京的我们来说，内容既熟悉又陌生，值得再三参观了解。而且因为熟悉的内容在外地出现，更能勾起孩子们的兴趣。

有时，我会为了特展专门去外地的博物馆。比如去天津、石家庄看"金玉满堂——京津冀古代生活展"，这个展览分别在三地举办，内容完全不同；比如去上海看"草间弥生——我的一个梦亚洲巡展"，这个展览是艺术家在中国首次的大型个展，也是中国的唯一一站；比如去南京看"法老·王——古埃及文明和中国汉代文明的故事"；等等。

博物馆还是博物院？

我曾经说过，南京博物馆特别牛，是一座叫"博物院"的博物馆，其实，对于是叫"博物馆"还是叫"博物院"，没有特别的规定，也不存在行政级别高低之分，中国各级别的博物馆都有"博物院"，比如国家级的故宫博物院，省级的安徽博物院、南京博物院、山西博物院、河北博物院等，地市级的西安博物院，县级的良渚博物院。也不是说这个博物院就特别强，但最起码在馆藏文物的价值、数量和研究上比较突出。南京博物院的前身是民国政府的国立中央博物院，各类藏品共计 42 万余件（套），馆藏数量居中国前三（冠亚军分别是北京和台北的两座故宫博物院）。其中国宝级文物和国家一级文物有 2000 件以上，上至旧石器时代，下迄当代，既有宫廷传世品，又有考古发掘品。南京博物院是首批中央与地方共建的国家级博物馆，因为地址在明故宫遗址之上，是一座仿辽代的宫殿式建筑。1933 年由民国著名建筑师徐敬直设计，经建筑大师梁思成修改后建成，现在也为全国重点文物保护单位。

要说南京博物院因其历史地位被称为"博物院"算实至名归的话，其他的省级博物院也算是各有特色。安徽博物院比起湖南、湖北、河南和河北的来说，未必是资源最丰富的，但它所处之地正好是几个文化主线的交会处。东西南北中的各方文化汇聚于此，也成就了它。陕西、山西、湖南、湖北、河南和河北这几个省都是中华文化的根基之地，其博物院规模自然不小，宝贝更不可能少。还有些博物院，比如四川博物院、内蒙古博物院、吉林博物院、西安博物院、中国民族博物院、河套文化博物院、客家文化博物院等，在地域文化和行业文化上各有独具特色之处。

---------- 镇馆之宝 ----------

无论如何，每个博物馆都有自己的镇馆之宝。我去参访荆州博物馆和上海土山湾博物馆的时候，听两位馆长介绍起他们的镇馆之宝，脸上洋溢着土豪才有的红光——尽管土山湾的镇馆之宝与荆州博物馆的镇馆之宝们不可比拟，但我理解他们的自豪感是一样的。

拿安徽博物院来说，毛主席视察过的楚大鼎又叫铸客大鼎，正是一件货真价实的国宝。1933年寿县楚王墓出土，通高113厘米，口径93厘米，重约400千克，圆口平唇、圆底、修耳、蹄足，耳饰斜方格云纹，腹饰蟠虺纹，犀首纹膝，前足和腹下均刻有"安邦"二字吉语，是我国出土的最大的青铜圆鼎，和司母戊大方鼎齐名。2014年12月13日我国举行了首个国家公祭日，在侵华日军南京大屠杀遇难同胞纪念馆举行公祭仪式。仪式上，高1.65米、重2014千克的国家公祭鼎就是以楚大鼎为原型铸造的。

另外值得分享的经验就是，既然不是逛景点的旅游，那就没有必要赶场似的去各个景点，要预留下一次游学的机会。就博物馆来说，也不是到了一个游学点就非得去看最好的博物馆，比如在辽东半岛游学的时候，沈阳的中国工业博物馆、"九·一八"历史博物馆，抚顺的煤炭博物馆、我们就没有去。还有吉林省博物院、河南博物院、中国煤炭博物馆、扬州博物馆、南阳汉画馆等一级博物馆，我们都是计划再去这些城市的时候去。

去哪些博物馆?

前文说了,我们可以根据孩子和自己的兴趣爱好去不同的博物馆,培养利用博物馆进行游学的习惯。在此基础上,尽可能多地参访各地、各行业、各门类的博物馆。

比如我们在博物馆游学中,也衍生出了一条有趣的游学路线——戏剧博物馆主题游。这几年,仰仗"打开艺术之门"暑期演出季,再加上平日里的机会,我们一家看了不少戏剧,渐渐对戏剧和戏曲产生了兴趣。于是,我们去了北京人艺戏剧博物馆、北京戏曲博物馆、中国黄梅戏博物馆、安徽黄梅戏艺术博物馆、中国昆曲博物馆、天津戏剧博物馆、曹禺纪念馆、梅兰芳纪念馆、温州南戏博物馆,以及我们还没有去过的上海戏剧博物馆、苏州戏曲博物馆、嵊州越剧博物馆、中国评剧博物馆、东莞粤剧博物馆、河南戏曲声音博物馆、淮安戏曲博物馆等,这些完全可以组合成一条中国戏剧主题游学路线。

另外,像历史文化名城那样,我们也设定了一个数字化目标,那就是 96 个国家一级博物馆! 2008 年 5 月,评出首批国家一级博物馆 83 家,2012 年 11 月评出第二批 17 家,2013 年 5 月,北京天文馆、抗美援朝纪念馆、中国海军博物馆和华侨博物院因未达到国家一级博物馆标准,被取消国家一级博物馆等级,降为国家二级博物馆,所以全国一级博物馆数量一共有 96 家。不多不少,我们去过了 48 家。

2017 年初,又有 20 家博物馆被评为一级博物馆。

5
第五章　📍　杂务

说到杂务，最重要的就是财务了。

游学中的财务计划都是我们一家人一起拟定的，大家要事先知道大致的总体预算，也要清楚大概要花多少。我们还会讨论到各种问题：为何要选这样的宾馆？为何选这样的快餐？为何选这样的路线？

需要提前做工作的是订房和购买门票。现在的团购业务火爆极了，口碑好的几个网站要多比较下，有了出游计划后就可以开始下单了，不必等到快要出行了才下手。好在这些都是胡老师喜欢并且擅长做的事，我就不用太操心了。

整个游学过程中，我们夫妻俩也会做好分工，胡老师负责的项目正是广大的女性同胞们能做得很好的几项：准备常用物品，购物，订酒店，选餐饮。

不得不赞叹女性对于酒店的挑剔——这个工作是很有难度的，要是我的话，就直接办理某个物美价廉的连锁宾馆的会员卡，然后到哪里都选那个宾馆，而且某一个暑假的游学就是按照我的这个方式来的，目的城市只要有这个品牌的宾馆就不用选来选去了。

更多时候则是胡老师的选择，原则是不变的——够住：一家四口，两人一张床不要特别挤；经济：符合一定的标准（根据预算和季节不同而不同），现在根本不必看所谓的星级，胡老师的心得是新、整洁干净、精美小巧的精品酒店、商务酒店为好，现在的网络发达，口碑好坏完全可以在网上查到。不必强求有无早餐，吃当地的特色早餐、连锁餐厅的方便早餐，完全可以弥补因含早餐多出的费用。对于我们来说，停车场的有无、停车费用的减免倒是要注意询问，这些甚至会成为我们是否会入住的决定性因素。

房间的话，我们一家四口首选双床房，如果有双大床房最好不过，两人一张床还算舒服。一般的家庭房会有 1.5 米和 1.2 米宽的两张床，对我们来说，显得局促了些。儿女渐大，自儿子读三年级后，也很难再出现小时候俩宝挤在小床上的情形了。

住宿中还有一个要注意的问题是空调的温度，特别是孩子小的时候，总是要踢被子，房间的温度需要保持一定的度数，我们一般都是调到 26 摄氏度。

我们住宿过的酒店属于连锁的包括：锦江之星（整体管理水平在同类酒店中算是完善的，且干净、数量多）、城市便捷（南方城市才有，干净卫生）、云尚（时尚、干净、空间设计舒服、可利用空间多，我们很喜欢长长的条案——四个人一字排开各自写自己的日课，很是壮观）。这里还提供给诸位一个小诀窍，选择开业半年左右的新酒店，住起来会很舒服。

不是商业城市，而是纯旅游的地方，我们也会尽量选择连锁的品牌酒店，当然在一些特殊的地方会有例外，比如在凤凰古城，那就得住在沱河边的民宿里，咯吱咯吱的木头房，枕江而卧，夜听水声；在徽州地区，就得住在古色古香的老宅子里，老式的木床，大花布似的被单；在平遥古城，就得住在大院里；在庐山，就得住在牯岭上，隐藏在云雾中；在同里古镇，就得住在水边客里……

即便是在旅游旺季，对于住宿的要求也不要放松。可以早点下手，提前预订。

有时候也需要换个思路，比如三月的扬州，难觅住处，我们灵机一动住到了长江对面的镇江，尽管与扬州隔江而望却可以有合适舒服的酒店，而且可以和孩子们一起感受汽车轮渡的好玩；比如在桂林，我们选择住在小城角落里的民宿，离那些景点是远了点，可是却可以享受更好的房间。

当然，我们也住过四星、五星级的酒店，甚至城市别墅、乡间小院，更多是出于体验和休闲的目的。

---------- 食物 ----------

出发去某个较大的城市之前，或者离开那儿之时，我们都会去超市，为旅途中的吃喝备货。慢慢地，我们就有了一些必备品的列表，比如我这个专职司机喜欢的黄瓜、小西红柿、黑糖、超级劲浪、梅肉干、咖啡、红牛、力保健（按对我的提神作用有效力从低到高的顺序排列）。要特别注意的是，不要让孩子们吃含糖量高的食品，有添加剂的饮料、牛奶、果汁、含糖饮料更是禁止的——容易引起胃部不适。

一定要常备食物，毕竟在游学中孩子活动量跟大人一致，但是他们的新陈代谢快于成人，需要补充能量。在摄水充足的前提下，可以准备一些孩子们喜欢吃的干粮——面包、烤馍、小馒头、米老头、饼干什么的，配上自家孩子喜欢的肉肠、萝卜干什么的，热量够，方便经济。

关于目的地的正餐选择，我们有时候会安排大餐，有时候会去街边食摊，有时候还会绕路很远去寻找当地的特色餐店。

暑假的游学正赶上我们胃口大开的时候，海鲜大餐常有，在不同的城市尽量选择当地有特色的餐馆，这样便可以把各地的美食都尝个遍。

寒假里就没有这么好命了，因为春节放假的餐馆实在是多，目的地城市的地方特色餐馆大多都不开业。由于时间和路线安排的原因，我们也不便到处找合适的餐馆。后来，我们就采用了一个可以"一劳永逸"的方法：品牌快餐！其中"享用"最多的就是"全家桶"，这个品牌各线城市都有，基本不用担心找不到。想想人家是多么和蔼可亲：当你登完泰山，既想找一个落脚地休息，又想找一个经济实惠的餐馆饱腹，一抬眼，山脚路边竟然有它！在南方水乡，小桥流水人家旁边众多的"本地餐馆"旁，赫然有它！当你为赶时间错过了餐点，不得不在高速疾奔的时候，突然看到前方服务区居然有它！你就会选它，一大桶总能满足一家人的热量需求。

特别提醒一下诸位，在路途中尽量不要给孩子喝牛奶，吃甜食，容易引起孩子的胃部不适。

在服务区的话，我们一般会考虑给孩子买热乎的东西作为食物，买一买品牌的扒鸡、粽子什么的，而很少会光顾服务区的餐厅。

早期我们还会在服务区添加热水，加过几次后，发现服务区热水机的使用率太高，很难烧开，也就不怎么加了。之后索性自己随身携带一个胖胖的不锈钢热水壶——我们都称之为"小胖"，出门时装满热水，每晚投宿也要带到房间去补充热水，基本上够一天的热水使用量了。有了小胖，我的咖啡问题就解决了，随时可以冲泡，也因为有了热水壶，我们饮用的咖啡的档次提高了，开始购买较好的品牌的挂耳咖啡包。每次冲泡的时候，香味溢满车厢，心情因此好转起来，困意也消失了一些。

提到热水，在这里顺便说下，到酒店时，可以用酒店的电热水壶先烧一壶开水，一来，是对电热水壶进行清洁，二来，烧开的水还可以用来清洗水杯。

---------- **票务** ----------

票务这块也由胡老师负责，一般来说，使用大家都熟悉的口碑好的团购网站即可。

对于自驾游而言，路费和汽油费都是不小的开支，但是总体上还是比飞机、火车要省很多——特别像我们一家四口，自驾出行是非常好的交通方式——只是累了司机。但我们依旧要规划好路线，把加油、休息的节点，与就餐、住宿的地点等都考虑进去。

---------- **行李** ----------

行李的问题一直让我头疼，好在是自驾游，四个人外，也有足够的空间能装下胡老师的大包小包。后来我也接受了胡老师和孩子们的"衣服按一天一身来算"的庞大预算——毕竟在外不方便洗衣服，穿了新衣服确实可以让人情绪大好。为了配合他们，我只好减免自己的行李，袜子和内裤是按一天一件算的，鞋子则是球鞋、皮鞋各一双。洗漱用品和拖鞋他们都习惯自己带。他们不愿意穿的酒店的一次性鞋子我来穿，他们不用的酒店的一次性洗漱用品也只有我用。

此外，孩子们和我们俩都带着一堆书，还有日记本。一开始是我们选孩子平日里喜欢读的——越是喜欢越是要反反复复地读，后来就是他们自己选书了。

孩子们还在学龄前的时候，总会带着玩具、小汽车、小玩偶等，想着无聊的时候可以玩一玩；上学了会把作业带上。

胡老师要我一定要写上的是：轻便婴儿伞车一定要带上，甚至在孩子可以轻松跑来跑去的 3 岁后也可以带着，有时候可以起到意想不到的作用。

孩子们小时候用的卡通的带轮子的小小行李箱中看不中用，可敬而远之，不如给孩子们带他们自己喜欢的双肩包，从小就背，哪怕其中只可以装小小的玩偶，也要培养他们自己背包的习惯。逐渐地，他们便可以担负自己的很多行李，特别是养成了自己打包的习惯。我和胡老师也是一人一个背包，必需品和细软都放在胡老师的背包里，既便于她负责财务，也可以让我精神上减负——让我不用考虑这些细节，而将注意力能集中在驾驶、停车、锁门等安全事项上。

我相信孩子们跟我们一样享受游学的过程，享受在路上的自在自由，我们家已经把游学当成了自然而然的必做的事了，相信这样的教育方式会一直传承下去。

6 第六章 🔘 路线

---------- 慢家36条游学路线 ----------

第一篇章：游学从家乡开始

一、我的家——北京 + 连云港 + 双峰

1 北京中轴线

2 从周口店走来北京人

3 京味文学品老舍

4 妈妈的家乡

5 爸爸的旅程

第二篇章：游学要全面了解中国

二、白浪逐沙滩——中国海岸线游学：

6 多样民居——连云港—厦门

---------- 129座历史文化名城（下划线表示慢家去过）----------

1982 年公布的第一批 24 座：

北京、承德、大同、南京、苏州、扬州、杭州、绍兴、泉州、曲阜、洛阳、
开封、江陵、景德镇、长沙、广州、桂林、成都、遵义、昆明、大理、拉萨、
西安、延安

1986 年公布的第二批 38 座：

上海、天津、沈阳、武汉、南昌、重庆、保定、平遥、镇江、常熟、徐州、淮

安、日喀则、宁波、歙县、亳州、寿县、福州、漳州、济南、商丘、安阳、南阳、襄樊、潮州、阆中、宜宾、自贡、镇远、丽江、韩城、榆林、武威、张掖、敦煌、银川、喀什、呼和浩特

1994 年公布的第三批 37 座：

正定、邯郸、新绛、代县、祁县、哈尔滨、吉林、集安、衢州、临海、长汀、赣州、青岛、聊城、邹城、淄博、郑州、浚县、随州、钟祥、岳阳、肇庆、佛山、梅州、雷州、柳州、琼山、乐山、都江堰、泸州、建水、巍山、江孜、咸阳、汉中、天水、同仁

2001——2016 年间陆续增补 31 座（合并了 1 座，琼山归海口）：

山海关、凤凰、濮阳、安庆、泰安、海口、金华、绩溪、吐鲁番、特克斯、无锡、南通、北海、宜兴、嘉兴、中山、太原、蓬莱、烟台、青州、泰州、伊宁、库车县、会理、会泽、齐齐哈尔、湖州、常州、瑞金、惠州、温州

130家一级博物馆（下划线表示慢家去过）

北京（14 座）

故宫博物院、中国科学技术馆、中国地质博物馆、中国人民革命军事博物馆、中国航空博物馆、北京鲁迅博物馆、首都博物馆、北京自然博物馆、中国人民抗日战争纪念馆、周口店猿人遗址博物馆、中国国家博物馆、中国农业博物馆、北京天文馆、文化部恭王府博物馆

天津（3 座）

天津博物馆、天津自然博物馆、周恩来邓颖超纪念馆

河北（3座）

河北博物院、西柏坡纪念馆、邯郸市博物馆

山西（3座）

山西博物院、中国煤炭博物馆、八路军太行纪念馆

内蒙古（2座）

内蒙古博物院、鄂尔多斯博物馆

辽宁（5座）

辽宁省博物馆、"九·一八"历史博物馆、旅顺博物馆、沈阳故宫博物院、大连现代博物馆

吉林（3座）

吉林省自然博物馆、吉林省博物院、伪满皇宫博物院

黑龙江（5座）

东北烈士纪念馆、铁人王进喜纪念馆、爱辉历史陈列馆、黑龙江省博物馆、大庆博物馆

上海（5座）

上海博物馆、上海鲁迅纪念馆、中共一大会址纪念馆、上海科技馆、陈云纪念馆

江苏（7座）

南京博物院、侵华日军南京大屠杀遇难同胞纪念馆、南通博物苑、苏州博物馆、扬州博物馆、常州博物馆、南京市博物总馆

浙江（6座）

浙江省博物馆、浙江自然博物馆、中国丝绸博物馆、宁波博物馆、温州博物馆、杭州博物馆

安徽（2座）

安徽省博物馆、安徽中国徽州文化博物馆

福建（5座）

福建博物院、古田会议纪念馆、泉州海外交通史博物馆、中国闽台缘博物馆、中央苏区（闽西）历史博物馆

江西（5座）

井冈山革命博物馆、江西省博物馆、瑞金中央革命根据地纪念馆、南昌八一起义纪念馆、安源路矿工人运动纪念馆

山东（6座）

青岛市博物馆、中国甲午战争博物馆、青州市博物馆、山东博物馆、烟台市博物馆、潍坊市博物馆

河南（6座）

河南博物院、郑州博物馆、洛阳博物馆、南阳汉画馆、开封市博物馆、鄂豫皖苏区首府革命博物馆

湖北（5座）

湖北省博物馆、荆州博物馆、武汉市博物馆、辛亥革命武昌起义纪念馆、武汉市中山舰博物馆

湖南（4座）

湖南省博物馆、韶山毛泽东同志纪念馆、刘少奇同志纪念馆、长沙简牍博物馆

广东（6座）

广东省博物馆、西汉南越王博物馆、孙中山故居纪念馆、深圳博物馆、广州博物馆、广东民间工艺博物馆

广西（2座）

广西壮族自治区博物馆、广西民族博物馆

海南（1座）

海南省博物馆

四川（8座）

自贡恐龙博物馆、三星堆博物馆、成都武侯祠博物馆、邓小平故居陈列馆、成都杜甫草堂博物馆、四川博物院、成都金沙遗址博物馆、自贡市盐业历史博物馆

贵州（1座）

遵义会议纪念馆

云南（2座）

云南省博物馆、云南民族博物馆

重庆（3座）

重庆中国三峡博物馆、重庆红岩革命历史博物馆、重庆自然博物馆

西藏（1座）

西藏博物馆

陕西（9座）

陕西历史博物馆、秦始皇兵马俑博物馆、延安革命纪念馆、汉阳陵博物馆、西安碑林博物馆、西安半坡博物馆、西安博物院、宝鸡青铜器博物院、西安大唐西市博物馆

甘肃（3座）

甘肃省博物馆、天水市博物馆、敦煌研究院

宁夏（2座）

固原博物馆、宁夏回族自治区博物馆

青海（1座）

青海省博物馆

新疆（2座）

新疆维吾尔自治区博物馆、吐鲁番博物馆

---------- **慢一家已经去过的102个城市** ----------

北京

天津

上海

河北

石家庄、唐山（遵化、丰南、丰润）、秦皇岛（山海关、北戴河）、邯郸、保定（涞水、易县）、张家口（崇礼、怀来、阳原）、承德、沧州（黄骅、吴桥）、廊坊（霸州、固安）

内蒙古

呼和浩特、包头、赤峰（克什克腾旗）

山西

太原、大同（浑源）、晋中（祁县、平遥、灵石、介休）、运城、忻州、临汾（曲沃）

辽宁

沈阳、大连、抚顺（新宾）、丹东、锦州、营口、盘锦、朝阳、葫芦岛（兴城）

吉林

长春

江苏

南京、无锡、徐州（邳州、新沂）、苏州（太仓、昆山）、南通、连云港、淮安、盐城、扬州、镇江

浙江

杭州、宁波（慈溪、奉化）、温州、绍兴

江西

南昌、九江（湖口、庐山）、上饶（婺源）、景德镇（浮梁）

安徽

合肥（庐江）、芜湖、蚌埠、马鞍山（当涂）、安庆（望江、岳西）、黄山（歙县）

福建

福州、泉州、厦门、漳州

山东

济南、青岛（胶州）、淄博、枣庄（滕州）、东营（广饶、垦利）、潍坊（青州）、济宁（曲阜、邹城）、泰安、威海（荣成、乳山）、日照（莒县）、滨州（博兴）、临沂（莒南、蒙阴、沂南）、莱芜

河南

郑州（登封）、开封、洛阳、安阳、许昌、三门峡、周口、南阳

湖北

武汉、黄石、襄阳、鄂州、孝感、荆州、黄冈（黄梅）、咸宁（赤壁）

湖南

长沙、株洲、衡阳（衡山）、邵阳、岳阳（临湘）、张家界、娄底（双峰）、怀化、湘西州（吉首、凤凰、古丈）

广西

桂林（阳朔、龙胜）

陕西

西安、宝鸡、咸阳（兴平）、渭南（潼关）

---------- **游学计划书：规划与反思——石窟行** ----------

缘起：说到人文名胜，敦煌是绕不过去的，而且敦煌莫高窟与云冈石窟、龙门石窟、麦积山石窟并称为中国四大石窟，都是艺术、历史和宗教的综合游学地，也正因为如此，石窟游学适合大孩子。当我们整体思考石窟的游学价值时，就会把四大石窟从旅游风景中抽离出来，虽然各自间距离遥远，但可以构建成一条路线——我们将四大石窟组合在一起，形成了我们2017年寒假游学的路线。

于是，我们就在家庭会议中讨论了这条路线，由我和儿子做了最后的梳理，提出了一条从连云港出发沿连霍高速西行然后北上大同的路线。

路线计划完毕后可以根据实际做些调整——我们也因为奶奶不愿意同行、考虑到要视频直播以及身为山西人的第二书房的李岩先生的建议（他建议我们去晋国博物馆和陶寺天文遗址）等原因，做了三次修改。

关于去博物馆所需做的知识准备，仅举虢国博物馆为例，其余同；住宿、餐饮的具体信息在此省略，不做详细介绍。

D1
连云港—洛阳
住宿：亚朵，网络预订，亲子房
晚上：亲子电影院：《夺宝奇兵二·上》

D2

上午去龙门石窟

午餐：机动

下午去洛阳博物馆

晚上：全家微游记写作

D3

早起 7 点半前出发，9 点虢国博物馆开门

宾馆—三门峡—虢国博物馆

根据参观时间，游览黄河公园

博物馆准备资料：

虢国博物馆（www.guostate.com）

虢国博物馆是建立在全国重点文物保护单位西周虢国墓地遗址上的一座专题性博物馆。虢国博物馆拥有 5 个基本陈列，为《虢国春秋——虢国文化史》《虢宝撷英——虢国墓地出土文物精华》《梁姬风韵——虢季夫人墓出土文物》《车辚马啸——虢国车马坑遗址》和《国君觅踪——虢季墓遗址》。

虢国墓地是一处规模宏大、等级齐全、排列有序、保存完好的两周时期大型邦国公墓。因出土文物数量多、价值高和墓主人级别高，分别被评为 1990 年、1991年"全国十大考古新发现"之一。2001 年 4 月，虢国墓地遗址被评为"中国 20世纪百项考古大发现"之一。

虢国是西周时非常重要的姬姓封国，周文王的两个弟弟分别被封为虢国国君，虢仲封西虢（今陕西宝鸡市东），虢叔（不是后来帮着周恒王打郑庄公的虢叔）封东虢（今河南荥阳县西汜水镇）。

镇馆之宝

先秦玉璧绝品——龙纹白玉璧

和田白玉制成，全器直径19.1厘米，色白而略泛青，晶莹透润，玉璧两面均饰有变体抽象的龙纹，纹饰大方流畅而富有动感，制作十分精细，工艺非常考究。

白玉象征着"仁、义、智、勇、洁"的君子品德。在周代，"天子佩白玉"是严格有序的等级制度的具体体现。但是虢国国君虢仲只是诸侯级别，为什么会有龙纹白玉璧出土？考古人员推测说，这应该是周天子赏赐给虢仲的。原来，虢仲是虢国的国君，也是周厉王的卿士，执掌朝中大权，在征伐淮夷战争中立下汗马功劳。厉王十三年，淮夷又开始大规模骚扰周室，这一次，周厉王御驾亲征，虢仲等军事首领率部队出击，不仅击退敌人的进攻，还夺回被俘的人和被劫的财物，对周王朝各诸侯和附属国，起到了杀一儆百的作用。虢仲征伐淮夷获得了卓越战功，因而得到了周天子赏赐的龙纹白玉璧。

看来虢国贵族爱玉器，因此可在博物馆关注众多精美的仿生动物玉雕。有神秘莫测的玉龙，凶猛咆哮的玉虎，展翅欲飞的玉鹰，活泼可爱的玉兔，造型各异的玉鹿，以及玉鼠、玉牛、玉蛇、玉羊、玉猴、玉蜘蛛、玉蜻蜓等。据统计，这些仿生玉雕几乎囊括了我国北温带地区所有常见的动物品类。

特别关注

九号墓出土的玉遣册，上有用毛笔所写的"南仲"字样，这是我国目前发现最早的毛笔字，对研究我国的书法起源有重要价值。

九号墓中还出土有4件铁刃铜器：兵器两件，一为铜内铁援戈，一为铜铁叶矛；工具两件，分别为铜銎铁锛和铜柄铁削。在西周晚期墓葬中同时出土数件铁刃铜器实属罕见。其中，一件为人工冶铁，三件为陨铁制品，这表明，中国古代工匠选用陨铁作器具从公元前14世纪开始后，公元前9—8世纪时，虢国仍在使用，延续500年以上。再加上2001号墓出土的铜柄铁剑（又称中华第一剑），说明此时期并未单纯依赖人工冶铁作为制作兵器的唯一方式。在世界其他文明古国如古巴比伦、古埃及等地也有同类发现，陨铁与人工冶铁同时使用数百年以上是世界各地区文明古国的共性，中国为世界文明古国之一，理应如此，只是以前尚缺实证。这4件铁刃铜器的出土，为我们提供了极有说服力的实物证据。

西周虢季子白盘：长137.2厘米，宽86.5厘米，高39.5厘米，重215.3千克。盘形奇特，似一大浴缸，为圆角长方形，四曲尺形足，口大底小，略呈放射形，使器物避免了粗笨感。四壁各有两只衔环兽首耳，口沿饰一圈窃曲纹，下为波带纹。盘内底部有铭文111字，讲述虢国的子白奉命出战，荣立战功，周王为其设宴庆功，并赐弓马之物，虢季子白因而作盘以为纪念。铭文语言洗练，字体端庄，是金文中的书家法本。

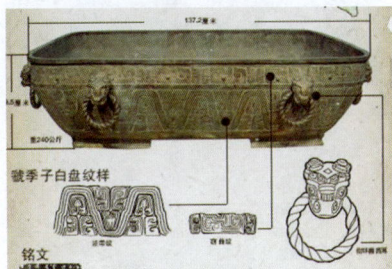

虢季子白盘盘底铭文的语句以四字为主，且修饰用韵，文辞优美，行文与《诗》全似，是一篇铸在青铜器上的诗。其书法颇具新意，用笔谨饬，圆转周到，一笔不苟甚有情致。这派圆转书风对后世影响深远。同时，此篇铭文中"薄伐犭严"、"折首""执讯"及"是以先行"等句，可与《诗经》之《采薇》《出车》《六月》《采芑》等篇所记史实相互征引，具有极高的历史价值。虢季子白盘被视为西周金文中的绝品。

它的金文排列方式与字形处理方式显然有别于其他西周铭文，与东周后期战国吴楚文存在着某种相近的格局。比如，它非常注意每一种文字的单独性。线条讲究清丽流畅，而字形却注重疏密避让的追求，有些线条刻意拉长，造成动荡的空间效果。造型的精练与细密，也使大家惊讶于西周金文这样清丽秀逸的格调。

郭姓祖先即为虢。现在仍有虢姓，必出于湖南长沙望城靖港。

虢国博物馆—潼关

11：00—13：30

参观新建潼关景区

潼关—兵马俑

潼关现代诗一首：

《泛黄的世纪逗点仍在》（节选）

陈运和

老潼关的历史破烂欲倒，

只剩下一段城墙还不及我高。

旁边标明是"陕西省级文保"，

真令人为之淡淡一笑。

好一把进出关中之锁钥，

生锈许久却扭不开十分遥远的思考。

风陵渡至今已没船，

老潼关代替有铁桥。

几移城址的尽疤痕，

今天阳光下，恢复以往并不值得炫耀。

潼关古诗一首：

《潼关》

谭嗣同

终古高云簇此城，

秋风吹散马蹄声。

河流大野犹嫌束，

山入潼关不解平。

此诗是谭嗣同 14 岁时随父亲到甘肃上任，途经陕西潼关，被北方特有的壮阔风景所震撼写下的。

13：30—15：00

参观兵马俑

兵马俑—宝鸡

18:30—21:30
夜行，计划宽松
入住城际酒店
晚上：亲子电影院：《夺宝奇兵二·下》

D4
11：00-13：00
火车去宝鸡
宝鸡火车站—麦积山石窟 (有直达公交，但是为了节省时间，去的时候坐出租车，回来坐公交车)

参观麦积山石窟

19：00—21：30
天水火车站—宝鸡火车站
晚餐：品尝当地面条

D5
09：30-12：30
参观宝鸡市青铜器博物馆
午餐后找邮局盖宝鸡邮戳
宝鸡陈仓—五丈原

13：30—17：30
游览诸葛亮庙

18：30—20：30

五丈原经咸阳至西安

入住亚朵，晚餐

晚上：亲子电影院：《夺宝奇兵三·上》

D6

大雁塔 + 碑林博物馆 + 城墙

品尝当地网友推荐的肉夹馍

晚上：全家共写微游记 + 孩子们做作业

D7

今日有大 V 店直播，所以要在 8 点左右赶到运城

09：00—16：00

陕西历史博物馆

16：30—19：30

陕西历史博物馆—山西运城

晚上：直播结束后，亲子电影院：《夺宝奇兵三·下》

D8

09：45—12：00

运城亚朵至解州关帝庙

午餐后离开运城

运城亚朵—曲沃

游览晋国博物馆（朋友推荐晋国博物馆和陶寺天文台遗址，选择前者）

17：00—21：45

晋国博物馆—忻州

入住汉庭

晚上：亲子电影院：《夺宝奇兵四·上》

（原计划是当日到大同，后来考虑大同市区、恒山景区、云冈石窟、应县木塔之间的距离、住宿条件——应县和浑源没有合适酒店，最终选择住在忻州）

D9

09：00—16：30

忻州至恒山

16：30—18：00

悬空寺

18：00—19：30

悬空寺—大同亚朵

晚上：全家共写微游记

D10

09:00—17:00

大同博物馆 + 云冈石窟

17:00—22:30

云冈石窟—北京

（因雪，夜行 95 公里后，途中住宿阳原县）

晚上：亲子电影院：《夺宝奇兵四·下》

D11

09：00—10：00

泥石湾博物馆

10：00—12：30

阳原—北京

补记和反思：

1. 天水应该去伏羲庙以及姜维庙，前者是"三皇五帝的生死地"的游学点，后者是三国游学的支线、支点；

2. 宝鸡岐山，周公庙应优先，同样是"三皇五帝的生死地"游学点，也是"礼"的源头；

3. 永乐宫我个人很喜欢，但是因为我家孩子的艺术范儿和宗教学知识积累还不够，故舍去；

4. 运城永济鹳雀楼应该停留，是"走进诗歌"游学路线的重要节点——为了直播的缘故没有去；

5. 天水伏羲庙、岐山周公庙未去，对"三皇五帝的生死地"路线影响大，如果去了，后续旅程会经过黄帝陵去延安。

游学计划书：三国游第三回——锦官城外柏森森

长江中游：千里江陵一日还

长江诗词之旅

走进诗歌里：武侯祠、草堂、三峡……

缘起：三国游的最后一条线，也是继广西桂林后的第二次西南深度游学。成都的美食与人文历史同样有名，因此计划最少在成都待上三天。除了巴蜀、三国外，武侯祠、草堂、眉山、峨眉山等处多为诗词歌咏之地。之后沿长江而下，出三峡。

D1

一、北京高铁至西安，租车（优选方案，可以省一天）

二、北京自驾至西安（路上需要找个节点停一天）

住西安亚朵

D2

"汉唐长安"游学

17：30—20：00

西安—汉中

住宿：汉中亚朵，晚上无安排

D3

09：00—11：30

一、古汉台（汉中博物馆），也有刘邦驻汉中宫廷遗址；

二、拜将坛：汉高祖刘邦"择良日、斋戒，设坛场、具礼"拜韩信为大将的古坛场遗址。

12：00—18：00

一、魏延被斩处：汉中市北门外 2 公里的石马坡魏延墓。

二、汉中石门栈道（褒斜谷）：

世界上最早的人工通车隧道——石门。

栈道之乡：在楚汉战争中有"明修栈道，暗度陈仓"的战术。故事说的是：刘邦取汉中后，于公元前 206 年按大将韩信的计谋，派少数人修栈道，以转移镇守关中西部的雍王章邯的注意力，暗地里沿着西边艰险的陈仓道（即秦栈），北出大散关，攻占了陈仓城，进军咸阳。

褒姒故里：对，就是那位烽火戏诸侯的美人。

石门石刻：汉代以来书和刻两者的最高艺术结晶。特别是东汉《石门颂》《衮雪》、北魏《石门铭》等"汉魏十三品"——因修水库，石刻大部分运到博物馆了。

D4

汉中—勉县

武侯祠 + 定军山 + 阳平关 + 马超墓

空城计

古阳关平：陕西省汉中市勉县武侯镇莲水村。

马超墓与武侯祠相距不到 1 公里，武侯祠和张良墓很近。

下午，至广元

晚上：亲子电影院

D5

皇泽寺 + 昭化古城 + 剑门关

整个景区主要由栈道和剑门关城楼组成，不过一些景点是单线，是要走回头路的，所以要游遍所有点的话至少要 3 个小时。游览剑门关从北门进南门出为好。

昭化，古称葭萌，至今已有 4000 多年的历史和 2244 年连续建县史，是国家重点风景名胜区——剑门蜀道风景名胜区，全国重点文物保护单位——剑门蜀道遗址群的重要组成部分，是迄今为止国内保存最为完好的唯一一座三国古城。

皇泽寺是国内唯一的武则天祀庙，寺内还保存着开凿于北魏至明清的 6 窟、41 龛、1203 躯皇泽寺摩崖造像及其历代碑刻。

D6

剑门关至绵阳青莲镇

150 公里

李白纪念馆

李白故里

蒋琬墓

白马关 + 庞统祠

庞统祠位于德阳罗江县鹿头山白马关，是安葬和祭祀三国时期刘备的军师庞统之处。

由西安至成都入四川境后将经过五关——葭萌关、剑门关、涪城关、江油关和白马关。

D7—10

成都

除了游玩成都市区的武侯祠、金沙遗址博物馆、关羽衣冠庙、恒侯巷张飞墓、锦里、青羊宫、春熙路、宽窄巷子以及看川剧等合理安排外，再以成都为中心出发至：

其中一天，坐动车至都江堰，再登青城山：

早上游览都江堰，大概两个小时；

下午登青城山，时间机动（映秀震区可做备选）；

其中一天，大邑方向，自驾。

赵云墓—安仁古镇—建川博物馆群落

安仁古镇与建川博物馆在一起，地名"取仁者安仁之意"而名之。始建于唐朝，现存的旧式街坊建筑多建于清末民初时期，尤以民国年间刘氏家族鼎盛时期的建筑为多，风格中西结合。庄重、典雅、大方的各式院落，造就了安仁镇特殊的建筑风貌，号称"川西建筑文化精品"。目前在安仁有保存比较完整的历史街区及庄园住宅古建筑群约 30 万平方米；有保存较完整的明清时期的刘氏庄园群、刘湘公馆等古公馆 27 座；有红星街、树人街、裕民街等三条古街；还有小洋楼（原公益协进社址）、安仁中学（原文彩中学）、钟楼等。

建川博物馆也是一级博物馆，目前对外开放的陈列馆有抗战文物陈列中流砥柱馆、正面战场馆、飞虎奇兵馆、不屈战俘馆、川军抗战馆及抗战老兵手印广场和中国抗日壮士群塑广场；红色年代系列瓷器陈列馆、生活用品陈列馆、章钟印陈列馆、镜面陈列馆、知青生活馆、邓公祠；民俗系列三寸金莲文物陈列馆、老公馆家具陈列馆、中医文物陈列馆；地震系列震撼日记 5·12—6·12 馆、地震美术作品馆、"5·12"抗震救灾纪念馆以及国防兵器馆、航空三线博物馆等。

D11

成都—眉山—峨眉山—乐山

三苏祠（三苏博物馆）

峨眉山

乐山大佛

D12

乐山—自贡—泸州—重庆

自贡盐业博物馆

自贡恐龙博物馆

泸州老窖

D13

重庆

大足石刻、白鹤梁水下博物馆、重庆三峡博物馆等租车的话，可以在重庆退租，乘船沿江而下到宜昌。

D14

重庆—丰都—白帝城—巫山

丰都古城

白帝城

住巫山

D15

巫山—三峡人家—宜昌

D16

宜昌—当阳长坂坡—随州

"三国游"长坂坡、麦城

宜昌和随州博物馆

D17

随州—邯郸

唯一单日驾驶超过 500 公里的计划

D18

邯郸—北京

正定古城、赵云故里

亲子陪伴是最好的家庭教育，千山万水是最佳的教育内容。陪孩子走过千山万水，在我们没有出发之前，也许会觉得困难重重，有的人会放弃，有的家庭会推迟，而孩子们总在一天天长大，突然有一天，你会发现，你已经和儿女远隔千山万水！

到了那个时候，每一次的相聚都需要等待和盼望，每一次的团圆都是那么精确和综合（时间短暂，方式单一）。这当然没什么不好，可如果能在当下，将对未来的企盼化作童年的浪漫，将遥不可及的千山万水化为等闲的亲子游目的地，这不仅仅是为孩子提供一份独特的精神财富，也是为整个家庭积累一份宝贵的时光记忆。

我本小城铁路子弟，从小看着铁轨不知它通向何处，远方就成了心里头的梦想。后来，我也因为工作原因不断地在各个省份之间穿行，不仅看雄壮山川、秀丽湖光，更看各地的人们、生活，越来越多地意识到各个地区之间的相似与不同。过去在地理书上粗略谈过的南北差异、资源与交通对经济的影响，水运对城市群构造的影响，现在都变成了眼前非常具体的事实，都是成千上万人生动的生活。这些时候，当年死记硬背的地理口诀，以及一篇篇当初体会不出有什么感情的中小学语文课文，不光有古诗词，还有那些名家名篇如《南京长江大桥》《济南的冬天》《黄河颂》《荔枝蜜》、《桂林山水》《黄山奇石》《富饶的西沙群岛》等等都浮现在眼前，成为我理解这个国家的起点。

现在我意识到，如果只是为了识字的话，小学教科书本来根本不需要那么多内容。

长大后回头看，当年看似干巴巴的教科书原来蕴含了无穷的伏笔，需要你用一生的体验去逐个"解锁"。学校不能教给你所有的东西，但如果你把教科书看作人生的第一页目录，就能在几十年后体会到那些编书的大家在教科书中用尽的无数心思，若是我们能将家庭的阅读与游学做个很好的联接，既能够丰富儿女的童年生活，还可以为他们的未来奠定践行、思考的基础。

本书的内容源自慢家自驾游学的实践，也是先国内后国外的游学理念的第一篇章，本书出版之际，我们一家开始了广州小住几日以及柬埔寨"高棉的微笑"第一次境外游学。随着儿女的成长，他们在游学中的能力必将提升一个新的台阶，我们希望有机会一家四口都来做文字和图片的记录，为我们的海外游学做一个总结和分享。

书中的一些实践体现着我们的家庭特色，有些路线与一般意义上的"旅游路线""游学书"大有不同，希望能为那些愿意开启"亲子游学"家庭教育方法的读者铺路架桥，各位也可以悟到慢家的游学理念和设计思路，在各自家庭的实际情况基础上举一反三，以点带面，厘清旅游、行走、教育和成长之间的关系。

正当我在做这些零碎思考的时候，浙江大学出版社的平静老师利用出差北京的机会和我约见，在星巴克我们敲定了写作和出版计划，她的关切和关注，以及细致、专业的工作水平，高效的工作能力，促使这本书得以顺利面世。特此表示衷心的谢意。

感谢我因亲子阅读而结识的好友林丹女士的著序推荐，她在创立悠贝亲子图书馆的美好事业之余，坚持高质量的"读万卷书，行万里路"的亲子陪伴，很令我钦佩。

感谢我的太太胡宜之，儿子和女儿，因为有了他们才有了这一切。

献给我的母亲、姐姐和哥哥们。特别要感谢我的父亲，在我很小的时候，将我委托给列车上的叔叔伯伯，使我早早就体会到坐火车旅行的愉悦。